この世を天国に変えるコツ

斎藤一人

人生は場数だよ

徳間書店

一人さんからの「はじめに」

はい、こんにちは。斎藤一人です。

誰もが、生きるなかでいろんな体験をします。

いいこともあれば、悪いこともある。

天国みたいな最幸《さいこう》（一人さんは「最高」をこう書くのが好きです）の瞬間もあれば、ときに、不安や苦しみで笑顔を失うこともあるだろう。

まさに今、つらい日々を送っている人がいるかもしれない。

そんなあなたに、**「この世を天国に変えるコツ」**をお伝えします。

どん底にいようが、長いこと暗闇をさまよっていようが、考え方一つで、必ず光を見つけられます。その方法さえわかってしまえば、人生なんて、びっくりするくらいあっけなく好転します。

また、今はそれほど悪くない状況にある人でも、生きていれば、大なり小なり困難や悩みは出てくるもの。躓《つまず》き、迷宮に入り込んでしまうこともあります。そんなときにも、この本は大いにヒントとなる内容になっています。


幸せは、愛のある場所に心を落ち着けることが基本です。

そしてそれには、誰でもできる当たり前のことを、当たり前に、素直にやればいい。簡単なものを軽く見る人がいるけど、馬鹿にせず、コツコツ積み上げていくんだよね。


目新しい秘策や、難しいことをする必要はありません。いや、それも大事だけど、土台がスカスカのままでは、そこに何を乗っけても意味をなさないんです。

家だって、いくら見かけが立派でも、基礎が脆《もろ》いのは危ないでしょ？ そんな欠陥住宅には、怖くて住めないよね。

人の心も、家と同じ。土台が肝心で、上物は二の次でいいんです。

だからこの本には、「そんなのいわれなくてもわかってる」と思うぐらいの、簡単で当たり前の方法しか書いていません。

でも、こう考えてください。

「その当たり前を、自分は100％できているだろうか？」

あなたが今、苦しんでいるのは、いちばん大事な基礎がグラグラしているせいだと思います。そこを地固めしない限り、何をしても不安定な状況は変わりません。

足元が強固になれば、人生を力強く、だけど軽やかに、楽しく生きられるようになります。

暗黒の世界が、明るく、美しい天国に変わる。

一人さんの言葉を信じてみようと思う人は、1個でもいいので、ここに書かれていることに挑戦してみてください。

その先に、本当の幸せが待っているよ。

みっちゃん先生からの「はじめに」

みなさん、感謝してます！

みっちゃん先生こと、みっちゃん先生です（笑）。

私はとても繊細なタイプで、子どもの頃からビクビクしながら生きてきました。

なんでもうまくできる明るい人を見ては、自分の弱さにいじけたり、暗い自分を責めたり、とにかく自分に自信がなかったんですね。

学生時代、社会に出てからと、いじめられたこともあったし、心を病んで働けなくなり、ものすごくお金に困った時期もありました。

そんな私が、師匠の斎藤一人さんからたくさんのことを教わり、大変身！

気弱で強く出られなかった私が、徐々に「圧」を出せるようになり、驚くほど人間関係がよくなりました。

圧というのは、高い波動（エネルギー）、明るい波動と捉えてもらってもいいのですが、とにかく、私の世界から、人になめられるとか、馬鹿にされるという現象が消え去ったのです。

また、心が安定したことで、以前だったら慌てふためいていたようなことでも、冷静に、そして前向きに考えられるようになりました。

今は喜びや豊かさで満たされているし、周りから「みっちゃんはいつも笑顔だね」「こっちまで楽しくなる」なんて言ってもらえるほど、毎日笑っています♪

いまだ、自分でもこのミラクルは信じられません。だって、難しいことなんて一つもしていないから。

「なんだって場数だよ」

かつて一人さんにもらったこの言葉をお守りに、私がやったのは、楽しいほう、明るいほうへ、1歩ずつ進むことだけ。

もしそこに苦労や努力が必要だったら、私にはとうていできていません。誰にでもできる簡単なことだから、無理なく続けられたし、ここまで来ることができました。

一人さんはいつも「自分を変えるって難しくないよ」と言いますが、本当にその通りだなぁと思います。

人生は、場数。

このことを知るだけでも、肩の力が抜け、気楽になります。

それに実際、たいていのことは場数を踏めばうまくいくんですよね。初めは失敗しても、何度もやっているうちに、だんだん腕が上がる。いい感じになってくる。

そのたびに自信も積み上がり、生きる喜びや楽しみが大きく膨らんでくるんです。

場数の力って、本当にスゴい！

私たちが今、ここにいるのは、苦しんだり、泣いたりするのが目的ではありません。

この世界を楽しむために生まれてきたし、1秒でも長く、幸せな自分でいることが私たち人間の務め。

人生の主役は、ほかの誰でもない自分自身です。

ここを天国にするかどうかは、主役である自分が決めること。そして、**天国の道を選んだなら、ここから場数を踏むしかありません。**

本当に自分の世界を天国にできるか、不安ですか？

大丈夫、あなたにはすでにその準備が整っています。だからこそ、本書を手に取ってくださったのでしょう。

昔の私は、多分、あなたが想像する以上に不幸でした。そんな私でもたやすくできたのだから、怖がることはありません。
あなたには、輝かしい未来が用意されています。
あとは、自分の気持ちでそれを現実にするだけですよ。

幸せを呼ぶ「場数」カード
について

この本の最後に付いている書は、一人さんが久しぶりに書き下ろしたものです。

人生は場数です。最初はうまくいかなくても、場数を踏むことでどんなことでもうまくこなせるようになっていきます。

そうはいっても、最初はチャレンジすることに躊躇してしまう人もいるかもわかんない。そんな人は、このカードを持ち歩いたり、目につく場所に飾ったりしてください。

すると不思議なことに、場数を踏むことに臆さなくなるはず。結局、それこそが自分自身に自信をつけ、毎日を幸せに過ごすために必要なことだと、ストンと腑《ふ》に落ちるようになるんだよね。

そうなれば、しめたもの。この世が天国へと変わっていきます。

人生というゲームを楽しむように、気軽な気持ちで楽しく使ってくださいね。

斎藤一人

もくじ――斎藤一人　この世を天国に変えるコツ

序章

場数を踏めば人生はなんとかなる！

第1章

自分の使命に気づくたった一つの方法　斎藤一人

第2章　波動が上がり楽しい世界が待っている！　みっちゃん先生　73

第5章 お金持ちとそうでない人の分かれ道とは？

お知らせ

私は自分を大切にしているので、自分で自分を「一人さん」と呼びます。

また、この本には「神様」という言葉が出てきますが、これは特定の宗教を意味するものではありません。

この世のすべてを作り出すエネルギーや、私たちに魂《たましい》（命）を授けてくれた大いなる存在を指しますので、ここでお伝えしておきます。

この世を天国に変えるコツ

✦人生は場数だよ✦

斎藤一人

徳間書店

校閲　鷗来堂
組版　キャップス
構成　古田尚子
装丁　藤田大督
編集　高畑　圭

序章

場数を踏めば人生はなんとかなる!

斎藤一人
×
みっちゃん先生
特別対談

1回で結果が出ないのは当たり前だよ

みっちゃん先生（以下、**みっちゃん**）　私は、一人さんからたくさんのことを教わってきましたが、なかでも「場数を踏む」ことについては、とりわけ思い入れが強いです。

場数を意識するようになって、得意なことはますますうまくできるようになったし、苦手で頭が真っ白になっていたことでも、落ち着いてこなせるぐらいまで成長できたから。

場数を踏めば、誰でもなんとかなる。

これは、私の人生を大きく変えた意識の転換でした。

斎藤一人（以下、**一人**）　繰り返し、積み重ねることで場慣れする。習慣にする。それを「場数を踏む」というわけだけど。**大概のことって、慣れなんだよね。**

1回やってダメだったとしても、2回目、3回目と回数を重ねるごとに、「最初に比べたらよくなった」と思えるぐらいは成長するものだし、100回もやれば、それこそ別人級に上達する。

よっぽど自分に向いてないとか、嫌いなことじゃなきゃ、100回やったのに少しもうまくならないって人はいないと思います。

もちろん、やりたくもないことは、がんばらなくていいよ。だけど、自分が「もうちょっとうまくなりたい」「なんとかならないかな」と思うんだったら、場数を踏めばいい。やればやるほど、成長するから。

みっちゃん　私自身、いろんな場数を踏んできて思うのは、「悩む時間があるなら、場数を踏んだほうがよっぽど早い」ということです。

悩んでいるだけでは何も解決しないけど、勇気を出して場数を踏めば、いつの間にか問題は解決していることが多いのよね。人生だって、びっくりするぐらい変わっちゃいます。

どうやって人生を切り拓くか思い悩むより、場数を踏むことだけを考えたほうが、はるかに効率がいいですね。結果も出ます。

一人　何事も場数。それを覚えておくだけでも、人生はずいぶん楽になるよな。

みっちゃん　本当にそう思います。私はかつて、つらいことがいっぱいあって、ノイローゼになっちゃったの。家から一歩も出られない状態が、2年ほど続きました。詳しくは第2章でお伝えしますけど、そんな暗黒時代に終止符が打たれたのも、場数を意識したことがきっかけでした。

なんでもそうですが、1回では、思うような結果が出ないのは当たり前。大事なのは、そこであきらめてしまわないで、繰り返し挑戦することです。

そうすれば光が差し、心に灯がともって、明るい世界が広がってきます。

一人　場数っていうと、「わかっちゃいるけど、度胸がなくてそれができなくて困ってる」という人もいるだろう。でも、決して難しいことじゃないんだよね。

行動できない最大の原因は、最初のハードルが高すぎるせいなんだけど、自分がラクに飛び越えられることから始めたら、この問題はすぐに解決します。

いきなり高い目標を設定するのではなく、**小さなことを、少しずつ積み重ねる。**

これが、場数の鉄則なんだ。

いじけた波動がつらい現実を作るんです

みっちゃん　ハードルは低く。これは場数を踏む際の重要なポイントだと、私は自分の経験から痛感しています。

例えば、私のように長らく引きこもりだった人が、いくら外の世界に出たいからって、いきなり旅行に出かけるのはあまりにも無謀でしょう？　奇跡的に出かけられたとしても、疲れ果ててトラウマになり、多分、2回目はないと思います。

繰り返しができない人の多くは、これと同じようなことをしちゃってるんでしょうね。めちゃくちゃ高いハードルを越えようとしている。

一人　引きこもりの人が外へ出たいんだったら、まずはカーテンを開けて窓から外を眺めるとか、部屋から片足だけ出すとか。それすら難しい人は、インターネットをのぞいて気持ちだけ外の世界に出てみたり。

そんな小さなことじゃ、いつ外に出られるかわからない。どうしようもないって思うかもしれないけど、今まではそれもできなかったわけでしょ？　だとしたら、スゴい前進だよな。俺なら大拍手を送るね。

みっちゃん　最初は、ささやかな前進で充分です。1ミリの進歩だったのが、それを繰り返すうちに1センチが越えられるようになり、やがて10センチ、50センチ、1メートルと、どんどん大きなステップが踏めるようになるから。

一人　**簡単なことでも、やってるうちに勢いがついてくるんです。**だんだんエンジンがかかってきて、やる気も出てくるの。

山だって、いきなり高いところから登ることはできません。空を飛べるわけじゃないんだから（笑）、麓《ふもと》でじっと考えてたってしょうがない。

まずは、目の前のなだらかな坂道を上がるしかないんです。だけど、ゆっくりでも坂を上がっていけば、いつかはてっぺんが見えてきます。


みっちゃん　パニック障害などで電車に乗るのが怖い人は、少し離れた場所から駅を眺めるぐらいでも大成功。大変な勇気ですよ。そのうちに緊張が和らいできたら、だんだん駅に近づいて、ホームまで行ってみるとか。

いきなり電車に乗ろうとするから苦しいのであって、しっかり地固めしたうえで、ゆっくり自分のペースで慣れたらいいですね。

だけど、本当に電車が嫌でたまらないとか、乗る必要がないとかなら、がんばる必要はありません。自転車や車といった選択肢もありますし。

一人　電車に乗れないのがダメなわけじゃない。電車にも乗れない自分が恥ずかしい、みんなに迷惑をかけている、社会で生きていけない、みたいに思うのがいけないの。

そのいじけた波動、苦しい波動が、ますますつらい現実を運んでくるんです。**「波動の法則」（※）って本当にあるから。**

誰だって、できないことはあって当たり前。それは単なる個性だし、個性を活かした生き方をすればいいんです。考えるべきはそこだよ。

仕事だって、徒歩や自転車で行けるところを見つけたらいいし、今はインターネットを使ってできる職業もあるよな。

個性を活かして自分らしい生き方ができれば、引きこもっていても、電車に乗れなくても、いくらでも幸せになれるよ。

（※）この世界は、目に見えない波動で作られており、自分がどんな波動を出すかで、集まってくる人や、目の前に出てくる現実が左右される。

自分をどんどん明るいほうへ持っていきな

一人　ほとんどの人って、人生でそれほど大きな困難が出てくることはありません。そんなわけない、私の人生はすごく苦しいですって思う人は、自分の思い込みが強く影響しているんだろうね。

同じことが一人さんの身に降りかかったとしても、俺はあなたの100分の1も悩まない自信がある（笑）。

みっちゃん　それは、一人さんは何が起きても、

「これも人生の楽しい修行」

「なんでも場数。攻略してレベルアップするぞ」

「このことで、ますますよくなる」

と思うからですね！

一人　そうだよ。起きたことに振り回されるだけじゃ、疲れるのは当たり前でしょ？その先には、絶望しかない。

だから俺は、病気だろうが、お金の問題だろうが、全部明るく受け止める。楽しいゲームにしちゃうんだよ。

一人さんは子どもの頃から体が弱くて、生死に関わるような病気ばっかりしてきた。その事実だけ見たら、この人生はかなりの苦行なんです。

けど、そんなつらい現実が何度降りかかっても、俺は「ここにある学びはなんだ」って、病気の自分を、最高の修業の場だと思ってきたの。

しかも、その修行はつらく険しいものではなく、**「これでまた1個、自分の魅力が増すなぁ」**という、自分が進化するための明るい転換点だと受け止めてね。

みっちゃん　大人になってからも、一人さんはいっぱい病気をしましたね。なのに、弱音一つ吐かないの。体が痛くて死ぬほどつらいはずなのに、どうしてこんなに笑っていられるのって、本当に不思議でした。

逆に、心配でオロオロする私たちのほうが、病気の一人さんに励まされちゃって（笑）。

一人　それだって場数なの。自分を明るいほう、明るいほうへ持っていく練習を続けるうちに、心って本当に軽くなる。真っ黒の空にうっすらと晴れ間が見えてきて、それがどんどん広がるんだよ。

今ではもう、黒い雲が現れようものなら間髪を入れず光が差す。自動操縦みたいな状態だから、俺は明るくいることになんの努力もしていません。

いちいち意識しなくても、勝手に明るい自分でいられる。だから、もし災いのように見える出来事が起きたって、まず悩むことはないだろう。

みっちゃん　一人さんは、暗いほうへ自分を持っていっちゃうことで、どれほど自分が損をするか、よく知っていますからね。

一人　同じことでも、疲れた、苦しいと感じるか、「これも慣れ」「人生の楽しいゲーム」と気楽に向き合えるかで、気分も現実も全然違ってくる。
それを忘れないでいることだよ。

あなたにも過去世で踏んだ場数があるよ

みっちゃん　同じことでも、場数を踏まなければできない人がいる一方、練習もなくいきなりうまくできる人もいます。
一人さんは、なぜこのような違いがあると思われますか？

一人　**簡単にできる人は、前世までにかなり練習してきたんじゃないかな。**というのが一人さんの考えです。
たとえば俺の場合、どんな現実に対しても「なんでも場数だな」と思えるのは、こういうふうに考えることを今世から始めたのではなく、すでに過去世でもやっていたんだろうね。この思考が定着するまで、それこそ何万回、何億回と場数を踏んできたから、今世では簡単にできるのだと思います。

みっちゃん　人の魂は、今世限りじゃない。この世で肉体が死を迎えたら、魂はあの世に戻り、また別の肉体をもらってこの世に生まれてくる。それが私たちです。

肉体には寿命があっても、魂には限りがなく、何度も生まれ変わって永遠に生きる。

そんな魂の存在目的は、生みの親である神様に少しでも近づくことです。

生まれ変わりのなかでさまざまな体験を積み、この世で学びを深めながら成長し続けている。神様に近づいていくんですね。

また、学びの内容や順番、学び方は人それぞれ。どこで場数を踏んできたかはみんな違うから、得意なこと、苦手なことも、人によって異なるのでしょう。

一人　だから一人さんにも、何回やってもうまくいかないことはあります。

自分が簡単にできないことをサラッとやってのける人がいると、モヤモヤするのはわかる。でもね、その人だって、過去世で苦労しながらその才能を磨き上げてきたかもしれないよ。あなたも同じような才能が欲しいのなら、今から磨けば、何回か生まれ変わった頃には、図抜けた才能として花開くんじゃないかな。

というか、あなたにだって、場数を踏んできた過去世がある。

人をうらやんだり、嫉妬したりするよりも、**自分にはどんな能力が備わっているだろうって、それを見つけ出すことに目を向けて楽しんだほうがいいよ。**

自分には何もないと思ってる人でも、探せば絶対にあるはずだからね。

みっちゃん　人それぞれ特性が違うからこそ、この世界が成り立つという側面もあります。得意なこと、苦手なことが全員同じだったら、こんなに便利で暮らしやすい世の中にはなっていないでしょう。
お互いに苦手な部分を補い合えるから、いろんなサービスだって成立する。

それに、助け合ったり、支え合ったりすることも、魂の大切な学びですよね。

一人　みっちゃんの言う通りだし、なかなか思い通りにいかないから、この世界は楽しい。学びだって深まる。

第一、最初からあっさりできた人の話って、意外と味がないよ（笑）。うまくできない人が、ああでもない、こうでもないって試行錯誤しながら「ついに成功した！」「乗り越えた！」という体験談だと、聞くほうもいろんなヒントがもらえておもしろいよな。

と思うと、できない自分だからやれること、語れることがいっぱいある。

そして、こういう気づきに至れるかどうかもまた、場数なんだ。

好きなことで場数を踏めば結果は出る

みっちゃん　世間では、「ただ流れに身を任せて生きるだけでは、取り残されてしまう」みたいな常識があります。だからだと思うのですが、多くの人は、人生には目標がなきゃいけないと思い込んでいて。

私も、かつてはそれが当たり前だと信じていたし、それなのに高い目標が持てない自分にあせったり、周りと比べては負い目を感じたりしていました。

でも、一人さんにいろいろ教わるなかで、**目標の代わりに場数を意識するほうに切り替えたら、格段に生きることがラクになりました。**人生の質も劇的に向上しました。

今も場数の感覚しかありませんけど、すごく満たされていて、自分に不足なんて感じません。

一人　俺もみっちゃんと同じで、目標なんてないよ。といっても、目標なんて要らないんだといいたいわけじゃないんです。目標があったほうが生きやすい、成功しやすいって人もいるだろうから、そういう場合は自分なりに目標を立てたらいいよね。

ただ、俺たちの話をすれば、細かい目標みたいなものを設定することはありません。仕事だろうが、人生だろうが。

みっちゃん　いちいち先行きを気にしなくても、好奇心とか関心の向くままに進み、その都度、目の前に出てきたことで楽しく場数を踏む。それで人は自然とレベルアップしていくんだなぁって実感しています。

場数で魂が成長して、人間としての器も大きくなるというか。

一人　ことわざに、「好きこそ物の上手なれ」というのがあって。好きなことには熱中できるから上達する、という意味なんだけど。

これって、まさに「好きなことで場数を踏めば結果が出る」を表す言葉なの。

いくら立派な目標を立てても、そこに「好き」が欠けていると情熱は注げないし、なかなか思うような成果につながらないんです。

だから、計画的に物事を進めたいタイプの人でも、自分の興味があることで目標を立てるという視点を持ってなきゃいけない。

みっちゃん　一方、細かな目標はなくても好きな道を楽しく進んでいけば、その先には勝手に明るい未来ができあがる。絶対に悪くなるはずがありませんね。

一人　その通りだよ。そして、人の魂は死ぬことなく、永遠に生まれ変わるから、いくら場数を踏んでも、これでおしまいという完璧の境地に達することはない。人生も、この世界も、どこまでも生成発展し続けるし、上には上がある。**みっちゃんも、あなたも、もちろん俺も、伸びしろは青天井なんだ。**

と思うと、ワクワクする。場数を踏んで、もっと上を見に行きたくなるよね。

✦楽しい言霊「だんだんよくなる未来は明るい」

みっちゃん　場数を踏むことを、難しく考えてしまう人がいます。

ただ繰り返し経験するだけでなく、そこに何か自分なりの工夫が必要なんじゃないか状況を見極めて場数を踏まなきゃいけない、みたいなことを考え込んじゃって。それで身動きが取れなくなるんですよね。

一人　最初の一歩を邪魔してるよな、その堅苦しい考えが。こういう人は、まず「軽く考える」ことに慣れるところから始めたらいいよ。

みっちゃん　それなら、今、一人さんがもっとも強くメッセージを発信している言葉がいいですね！

「だんだんよくなる未来は明るい」

明るいって、「あ、かるい（明るい）」だから、これを唱えると本当に心が軽くなる。頭がほぐれ、柔軟な考え方ができるようになるんです。

一人　言霊《ことだま》（言葉に宿るエネルギー）って本当にあるからね。口癖になるくらいつぶやいていると、その言葉に引っ張られて、思いも波動も変わります。新しい現実が出てくるの。

不安感の大きい人が「だんだんよくなる未来は明るい」を言えば、不思議とその通りに思えるようになり、不安がしぼむよ。

心が軽くなれば、出てきた現実も軽く受け止められる。サラッと、「これも場数だ」と思えるんです。いちいち、「こんなことで場数を踏んでどうする？」みたいな、自分の選択にケチつけるような思考は出てこなくなります。

みっちゃん　感謝の心や幸福感といった、自分の意識でコントロールするのが難しい感情も、「だんだんよくなる未来は明るい」を言い続けていると芽生えてきますね。些細なことに「ありがたいなぁ」と思えるし、小さな幸せにも気づけるようになる。

私だったら、ご飯が食べられるだけで涙が出ちゃうぐらい幸せ。ノイローゼで食べられなくなった経験があるから、それを思うと、食べられるだけで感謝だし、おにぎり一つで「私は生かされているなぁ」って感動しちゃうの。

一人　ささやかな日常に感動できることほど幸せはない。すばらしいね。

　こういう**幸福感に包まれたい人は、「だんだんよくなる未来は明るい」を1日1000回、21日間言ってごらん。**連続で21日が難しい場合は、間が空きながらでも、トータルで21日間になれば大丈夫だから。

　こういうのって、何回かつぶやいて「言ったけどなにも変わりません」とガッカリする人もいるんだけど、1日や2日で変わるわけがないよ。これまで長いこと「どうせ失敗する」「お先真っ暗」みたいな思い込みがあったならなおのこと、最低でも、1日1000回を21日間続けるぐらいは必要なんです。

　なぜ21日間なんですかと聞く人がいるけど、それは秘密です（笑）。

　ただ、これを達成する頃には、間違いなく心が換気されて、相当、明るい思考に変わってるだろうね。

みっちゃん　世の中にはさまざまな精神論があふれていて、あれこれ聞きかじるうちに、けっきょく何が正しいのか、自分がどうしたらいいのかわからなくなることもあるでしょう。学びすぎて疲れちゃうっていうか。

精神論は心を軽くするためのものなのに、学んで心が重くなるなんて本末転倒。だったら一度、勉強をやめて、基本のキである「だんだんよくなる未来は明るい」を唱えたらいいですね。絶対よくなるから。

一人　疲れるようなものは、そもそも精神論じゃないよな（笑）。みっちゃんが言ってくれたように、心が軽くなるのが本物の精神論です。

その点、「だんだんよくなる未来は明るい」は、言えば言うほど気楽になる。その効果は、一人さんが太鼓判を押しますよ。

最大の成功法は明るい考えを持つこと

一人　失敗を怖がる人って、一足飛びで成功できる方法とか、完璧なテクニックだとか、そういうのを求めすぎなんだと思います。

一人さんは、納税日本一という、ある意味では頂点に立ったので、多くの人から成功のコツを聞かれるんだけど、ハッキリ言って魔法の杖《つえ》みたいなテクニックはない。

自分がいかに明るい考えを持っているかが最大の成功法であり、それをもたらすすべては場数です。

というか、**成功のコツなんてものは数をこなせば勝手に身につく。**

空手の瓦《かわら》割りと同じで、ひたすら叩いているうちに、あるときパカっと割れるんだよね。おのずと、「これがコツか！」っていうのが見えてくる。

誰かにアドバイスをもらっても、場数を踏んできた人はスッと腑《ふ》に落ちるし、それをきっかけに実力も伸びるだろう。

みっちゃん　いくらコツを教わっても、実際に動いてない人はコツの活かしようがありません。経験のないことは、何を言われてもピンとこないですから。

一人　習うより慣れろ、という言葉があるけど、まさにそれだよな。

みっちゃん　その意味では、挑戦してみたいことには積極的に動くのも必要ですね。

一人　厳しく言うわけじゃないけど、**自分の心が望むことがあるんだったら、やっぱりその場面を自分で作るしかないよな。**

海外旅行をしたいのに、家でゴロゴロしながら「お金がないしな〜」とか思ってるだけじゃ、いつまでたっても旅に出ることはできません。お金がなくても、ちょっとパンフレットだけでも見てみようとか、起こせるアクションはあるの。

で、調べるうちに、「国内なら安く行けるな」「日帰りだと予算内に収まる」とわかったとする。そしたら、まずは条件に合うところへ行ってみるとかさ。

旅行が楽しければ、次も行けるように仕事をがんばろうと思うじゃない。それで給料が上がれば、もうちょっと遠くへ行けるかもしれません。

明るい気持ちでいれば、その波動でいい転職先が見つかったり、臨時収入があったりして、海外旅行だってかなうんじゃないかな。

みっちゃん　わらしべ長者みたいなイメージですね♪　最初は、わら1本でいいから持ってみる。それには、自分で手を出してわらを拾うしかありません。
一人さんの言う「やるしかない」というのは、目の前にある簡単なことをやってみなってことなんですよね。

一人　その通り。あと、これは少し角度の違った話になるんだけど。
一人さんはよく「私に向いてる仕事はなんでしょうか？」って聞かれることがあるの。そんなとき、たいてい俺は「営業をやりな」って言うんだよね。こういう相談をしてくる人って、人間関係が苦手な人が多いから。

みっちゃん　人づき合いで困ってる相手に、なぜ営業を勧めるんですか？

一人　それは、こういう考えがあってのことなの。

ボクシングでもさ、もともと強いからボクシングに向いてるだろうって始める人と、弱いからボクシングをやる人がいるんです。後者の場合、ボクシングを通じて心身を鍛えることで人生の幅を広げたい、そういう意味合いが大きいと思います。営業もそれと同じで、人間関係で躓《つまず》きやすいタイプだからこそ、営業に挑戦するというやり方があるの。営業で場数を踏むうちに、自分の道が見えてくるかもしれない。

もちろん、苦手なことに挑戦するのは時間がもったいないという考え方もあるし、嫌でしょうがないのに我慢してまでやる必要はありません。苦手なことをがんばっても、普通レベルにはなっても、図抜けることはできないだろうからね。

そこは各々の判断だけど、こういうことを考えるのもまた場数。

一つの選択肢として、**「あえて苦手なことに挑戦するカード」もあると知るだけで、人生の幅はずいぶん違ってくる**と思いますよ。

気働きができるのも場数のたまものだよ

一人　俺が前に講演会をやってた頃の話なんだけど。

あるとき、一人さんが講演中にチラッとエアコンを見たんです。すると、みっちゃんがサッと立ち上がって、室温の温度調整をしに行ったの。

その様子を見た人たちが、びっくりしたんだよね。なぜそんな気働きができるんですかって。

もちろん、みっちゃんはエスパーじゃない（笑）。これも場数なの。

みっちゃん　私は、一人さんが暑いのに弱いことも、エアコンを見たら暑いサインってことも知っているから。

一人　なぜそれを知っているかというと、一人さんはいつも、エアコンや扇風機のほうを見ながら、そばにいる人に「悪いけど、ちょっと温度を下げてくれるかい？」「風を送ってもらえる？」って言うんだよ。みっちゃんは、それをずっと見ていた。

で、100回ぐらい繰り返すと、俺がエアコンや扇風機を見ただけで、みっちゃんの体が反射的に動くようになっちゃった。視線だけでわかってくれるんだよね。

しかもそれは、ほかのこともすべてそうなったの。俺がチラッと電気を見たら、部屋を明るくしてくれたり、水を見ただけでコップに注いでくれたり。

別に合図のつもりはないんだけど、みっちゃんにとっては、一人さんの一挙手一投足が合図なんだろうね。本当にすばらしい気働きで、感謝しているよ。

みっちゃん　一人さん、褒めてくれるのはうれしいんだけど……。私は、そのことを一人さんから教わったんですよ（笑）。私が始めたことじゃないの。

一人さんって、いつも「寒くないかい？」「暑くないかい？」って、みんなを気にかけてくれるでしょう？　サラッと周りを気遣うし、誰にでも同じように優しい。

私の気が利くんだとしたら、それは、一人さんを見ているうちに身についたものなんですよ。

暑い、寒い、お腹が空いた……みたいな不快感って、いろんな場面で起こります。でも、よっぽどじゃなければ、みんな遠慮してそれを口に出さないのよね。ちょっと我慢したぐらいで死ぬわけじゃないし、まぁいいかって。

そんなとき、一人さんみたいに「暑く（寒く）ないかい？」「お腹空かないかい？」

「我慢しちゃダメだよ」って気にかけてくれる人がいると、そのさりげない優しさがすごく響く。うれしいんです。

だから、私もそういう優しい気配りをまねしようって思っただけで。

一人　始まりは俺だったとしても、それを当たり前にできるようになること、自分の持ち味に育て上げられるかどうかは、本人の気持ちだから。

その意味では、みっちゃんの気働きは、強い信念で場数を踏んだたまものです。

みっちゃん　ありがとうございます！　ただ、私だけでなく、恵美子《えみこ》さん（弟子の柴村《しばむら》恵美子さん）や、はなゑさん（弟子の舛岡《ますおか》はなゑさん）、真由美《まゆみ》さん（弟子の宮《みや》本《もと》真由美さん）といった仲間たちも、みんなすばらしい気配りができるんですよね。

たとえば、仲間たちの講演会へお邪魔すると、最初に必ず「トイレに行きたい場合は、我慢せずいつでもどうぞ」「用のある方は、遠慮なく途中退席してください」みたいなアナウンスがあって。

小さなことかもしれませんが、こういうのって、最初に言っておいてあげると参加者はすごく気がラクでしょう？　なかには、申し訳なくて途中でトイレに行けない、退席できないって我慢しちゃう人もいますから。

一人　みんな、講演会で「気持ちよくなって夢の世界に行っても大丈夫ですよ」なんてことまで言っちゃうんだよね（笑）。

でもこれを言うと、聞くほうはもちろん、実は壇上でしゃべるこちらも緊張がほぐれるの。お互い気楽なら、和やかな雰囲気になるのは当たり前だし、だからうちの人たちの講演会は何度やっても人気なんだと思います。

第1章

自分の使命に気づくたった一つの方法

斎藤一人

自分ができた部分に目を向けなきゃね

場数を踏むことの意味はわかった、大きなメリットがあるのも理解した。だけど、場数を踏もうと思っても、「私は何一つ長く続いたことがない」「どうせまた挫折するに決まってる」といった思いが消えない人もいるんじゃないかな？

でも、あなただってこれまで何度も場数を踏んできたし、結果も出しています。そこを見ないで暗いほうにばかり目を向けるから、できないところばかり気になっちゃうんだよ。できた部分に目を向けたらいいの。

たとえば、あなたは日本語が話せると思います。ひらがなも、カタカナも、漢字も、日本で暮らすのに困らないぐらいマスターしているよね。でなきゃ、この本をここまで読めるはずがないから。

じゃあ聞くけど、あなたは生まれたときから日本語が堪能だったかい？　そんなわけありません。赤ん坊は、「アー」とか「ウー」とか言うのが関の山です。にもかかわらず、今では言いたいことを日本語で伝えられる。日本語で、社会生活を問題なく送っているでしょ？

その能力は、どうやって習得したか。これが場数なの。

周りの大人からたくさんの日本語を聞き、学校で勉強して、何度も何度も日本語に触れるうち、慣れてペラペラになったんだよね。途中で「日本語を勉強しても、できるようになる保証はない」と投げ出していたら、ここまで上手になってないよ。

ということは、**あなたには継続できる力がある。場数を踏めばできる。**

それなのに否定ばかりじゃ、自分がかわいそうだよね。

歩くこともできなかった赤ちゃんが、ちょっとずつ体を動かして筋肉をつけ、ハイハイするようになる。そのうちに立ち上がり、ひとりで歩いたり、走ったり、ジャンプしたり。こういうのだって、場数を踏んだ結果のすばらしい進歩だよ。

あなたは、どれだけの場数をこなしてきたことか。

それを思えば、場数は決して難しいことじゃないとわかります。


できた部分に目を向けながら、興味のあることで気楽に場数を踏めばいい。

ひらがなの「あいうえお」を学ぶところから難しい漢字が書けるようになったのと同じで、最初は簡単なことで充分です。

これを前提にすれば、最初の一歩はずいぶん踏み出しやすくなるよ。

飽きたらやめな。いつだって心が正しい

一人さんの持論は、

「**使命とは、自分の好きなこと、楽しいこと**」

なんです。

使命と言うと、多くの人は大きなものをイメージしがちだけど、一人さんはその

反対だと思っているの。

楽しいことが使命であり、それこそ、「居酒屋さんでホッピーを飲む」みたいなのも、この世に必要な、みんなが助かる立派な使命なんだよね。

お酒が好きなら、それをとことん追求することで、自分も人も幸せになる。

もちろん、体を壊さない程度にはしなきゃいけないけど（笑）、あなたが好きなお酒を楽しめば、酒造メーカーや居酒屋さんはもうかって喜ぶし、お酒の場で意気投合した人といい時間を過ごせば、その人だってハッピーでしょ？

次もまた楽しくお酒を飲めるように、あなたは仕事にも精を出すだろう。そうすれば会社は喜び、評価してもらえて出世につながるかもしれません。

お酒を飲んで税金を払えば、国も潤い、そのお金で便利な公共サービスが維持されたり、困っている人の助けになったりする。

1杯のホッピーが、大勢の人の笑顔につながる。こういうのが、本当の使命なんです。

ちなみに、好きなことがずっと同じ人もいますが、時を経るうちに、飽きちゃうこともある。それも、実は場数のうちです。

飽きたってことは、「それはもう自分には必要ない」というサイン。場数を踏んだからわかったのであり、こういう場合は、新たに別の使命が出てくるんだよね。

つまり、人の使命は生涯通じて一つということはなく、人生や自分の状況によって、いかようにも変わるものと言えます。

もちろん、一つの使命を貫くタイプの人もいるし、どちらがいいとか悪いとかという話じゃない。どれも正解です。

時には、新しいことをちょっとかじってみて、1~2回で飽きちゃうこともあるだろう。でも、それだって一つの場数。

自分には合わなかったとか、無駄なことだから飽きるのであって、やってみなきゃ飽きるかどうかもわかりません。すぐ飽きたのは「自分に必要ないことがわかった」という成功体験だし、そういうのも含めて**経験を積むことで、本当の使命に行き着くものだと思います。**

だから、飽きたときはいつまでもそこに執着せず、堂々と次に行けばいい。

飽きたのに、周りの目が気になってやめられないとか、人の言いなりで我慢するとか、それはダメなんです。わかるかい？

使命は軽いもので、生涯追い続けるとか、そんな重い話じゃない。

飽きたら、やめる。

それでいいし、それがすべてです。

いつだって、自分の心がいちばん正しいからね。

歩みを止めたら成長も止まるんだ

お伝えしているように、飽きたことは無理に続けなくていいし、嫌なら場数を踏む必要はありません。あなたが「うまくなりたい」「進歩したい」と思うことだけを、小さく、小さく、続けたらいいんだよね。

大きな目標はなくていい。気負ったり、自分を奮い立たせたりしなくていい。努力も要りません。小さな場数を積み上げるうちに、勝手によくなっていくからね。

だけど、歩みを止めてしまうとそこで成長も止まります。

自分の「こうなりたい」に近づくには、1センチでも、1ミリでもいいから、挑戦し続けることが欠かせないんだ。

たとえば、「だんだんよくなる未来は明るい」の言霊を、まずは1日1000回、21日間唱えましょうと言いました。

でも、21日間を言い終えたからって、それっきりじゃしょうがない。

今まで自分の世界に馴染《なじ》みのなかったことは、そう簡単には習慣化しません。21日間では、「だんだんよくなる未来は明るい」の考えに染まりかけたぐらいで、そこでやめてしまうと、しばらくはよくても、やがてまた不穏な空気が出てくる。人間は、忘れっぽい生き物だからね。

せっかく身につけた考えグセをしっかり固定するには、その後も継続することが大切です。1日に2〜3回は言うとか、そのぐらいのことは続けたほうがいいよね。

筋肉隆々のボディビルダーだってさ、いったん体ができあがったからって運動をやめちゃうと、たちまち体はしぼんで、ただの人と同じに戻っちゃうよ（笑）。

病気やなんかで入院した人がよく言うけど、たった数日間でも、寝込んでいる間に筋肉が落ちて、びっくりするぐらい歩けなくなるんです。階段が上がれなくなった、とか。

だから、スポーツ選手はオフシーズンでも体作りを完全に休むってことはしないし、ケガで入院したって、動く部分のストレッチやトレーニングをする。体を動かさないでいると、ケガが治ってもなかなか元の調子に戻らないんだよね。

心も体も、基本は同じ。

理想的な状態を作り上げても、そこでおしまいにはなりません。

その後もいい状態をキープしたければ、やっぱり継続的な訓練が必要だし、場数を踏み続けなきゃいけない。

ただ、ある程度続けたことは、そう簡単に崩れなくなるのも事実です。

一人さんみたく「幸せであることが当たり前」の感覚が育ってしまえば、そう頻繁に場数を意識する必要もありません。というか、自分の努力でいちいち意識しなくても、脳のほうで勝手に「だんだんよくなる未来は明るい」を意識し続けてくれるからね。

いつでも機嫌よくいる方法ってあるよ

一人さんは、イライラしたり、落ち込んだりすることがありません。

もちろん、大切な人が誰かに攻撃されるとか、そういうことがあれば黙っちゃいないよ。多分、みんなが見たこともないくらい怒ると思います（笑）。

だけど、ふだんは感情の波がなくて、いつも春の日だまりみたいな、あったかい気分でいるの。幸せなんだよね。

なぜそれができるんですかって、私は、自分で自分の機嫌が取れるからです。

よく、こういう質問が来るんです。

「つい感情的になってしまうのですが、冷静でいられる方法はありませんか？」

こういう悩みのある人にまず言いたいのは、そもそも感情的になるのが悪いわけじゃない、ということです。人間には心があって、感情で動くのは当たり前なの。

問題は、自分の機嫌が悪いからって、周りに八つ当たりすることなんです。

機嫌のいい人が感情的になるんだったら、それは情熱的で、見てる人も感動すると思います。一人さんも、感情の波がないとは言ったけど、素敵なものを見たり聞いたりしたときは、いい意味で感情的になるよ。

でも、さっき言ったように、機嫌が悪いときに感情を爆発させるのはダメです。

周りがみんな大迷惑だよな。

じゃあ、どうして人は機嫌が悪くなるのか。

これは簡単な話で、機嫌の悪い人は幸せじゃないんだよ。人生を楽しんでない。そこを修正しなきゃいけないのに、いちばんの原因を見ないで、「感情的にならないように」とか自分を抑えるからうまくいかないの。

幸せなら、機嫌なんて勝手によくなります。普通の人が腹を立てる場面でも、大したことじゃないと感じるの。心に余裕があるから、大概は「まぁいいか」って受け流せるし、少々のことで気を悪くしない。

いちいち腹を立てると、自分が損をするだけだとわかるんだよね。

一人さんの場合は、「これをやると機嫌がよくなる」みたいなのをいくつも持っているんです。

たとえば、Tバックを履いた女性を想像すると、私は一発で幸せになる（笑）。仲間とドライブに出かけることもそうだし、永谷園のお茶漬けを食べたりするのも、一人さんを幸せにしてくれます。

どれも簡単なことですが、こういう自分が喜ぶものを一つでも二つでも持ってると、**機嫌のあり方は全然違ってきちゃうんだよな。**

水戸黄門の印籠《いんろう》があるでしょ？　あれは、なかに薬が入ってるの。体調が悪いとき、印籠から薬を取り出して飲むんです。

それと同じで、一人さんには思考の印籠がある。体の具合が悪いときの薬みたく、機嫌に黄色信号が灯ったら、即座に思考の印籠を開けて、そこに入ってるおもしろネタとか、テンションが上がるような遊びを取り出す。

それで自分が笑っちゃえば、機嫌は元通りなの。悪い意味で感情的になりかけても、すぐに取り消せるんだ。

印籠のなかに入れておくものは、楽しければなんでもかまいません。ゴルフでもいいし、楽器を弾いたりすること、釣りに行ったりすることもいいね。

みっちゃんだったら、ペットの猫と戯れるのが好き。はなゑちゃん、恵美子さん、真由美さんは、オシャレが好き。人それぞれだから、楽しいことならなんだっていい。一人さんみたく、ふとどき不埒《ふらち》な妄想を詰め込んでおくのもお勧めです（笑）。中身がいっぱいの印籠を持っていれば、鬼に金棒。楽しいことがあるだけで、ほとんどの問題は一発解決なんだ。

体面を気にするよりも本音がラクなんだ

私はどんな質問を受けても、自分が機嫌よくいられる答えしか出しません。だけど世の中には、自分の気持ちよりも世間からどう見られるかを気にして、自分を押し殺してでも立派に見せようとする人がいるんです。窮屈でも、偽りの姿を演出することを選んでしまうの。

それをやってると、どんどん苦しくなっちゃうんだよね。

日々の生活で、いちいち「立派な人は、こんなことしないはずだ」とかって、自分のしたいことにブレーキをかけながら生きなきゃいけないでしょ？　失敗で評判が落ちるのを恐れるあまり、身動きが取れなくなる。

　本当の自分を隠すって、こんな生きづらいことはないよね。


　一人さんは、自分を実力以上に評価してもらいたいとか、実際よりも大きく見せたいとは思いません。**人にどう思われるかより、自分がいかに気分よく生きられるか、笑っていられるかを重視しているからです。**

　そうすると、どんな質問をもらおうが、私自身が違和感を持つような答えは絶対に出てこない。この本もそうだし、過去の著書もすべて、私がご機嫌でいられる「一人さん流」でつづっています。つまり、ぜんぶ本音なんだよ。

　もっと言うと、一人さんが本音で語るだけでなく、それを読んだ人も気がラクになるようにしゃべっています。


　もちろん、読者の全員に気分よくなってもらうのは無理だよ。

だけど少なくとも、一人さん流が好きな人には喜んでもらえているんじゃないかなって、その自負はあるんです。

今までに400冊近い著書があるし、今も年間に何冊も新刊のオファーがある。おかげさまで、一人さんには暇な時間がほとんどないぐらいだからね（笑）。まぁ、それが楽しいんだけど。

やっぱり、私の本音を楽しみに待っててくれる人がたくさんいるってことがうれしいよね。

自分も楽しい、相手もうれしい。出版社さんも、本屋さんも喜ぶ。

自由に生きながらそれができるって、最高だよ。というか、これは一人さんが我慢なんかせず、本音で生きているからこその結果だと思います。

自分を立派に見せようとすると、自分が苦しくて続かないし、周りの人の気分が悪くなっても続かないんだよ。**続くということは、それだけで偉大なんだ。**

で、そんな考えに至ることも、場数のなせるワザだよ。

魅力的になりたいなら場数をこなしな

年齢を重ねるにつれ、交友関係が変わってきたり、これまで親しくしていた相手と気が合わなくなったりすることがあります。

実はこういうのも、ある意味、場数を踏んだ結果なんだよね。

人間関係で場数を重ねるうちに、「この人とは気が合わない」とわかる。「苦手なタイプだと思っていたけど、話してみたらすごく味わい深い人だった」なんて感じる。その結果、一緒にいる人に変化が出てくるわけです。場数を踏んでなきゃ、こういう変化は起きません。

そしてもちろん、場数で「こういう人にかまっているとロクなことがない」みたいなこともわかってきます。そうすると、へんてこりんなやつが出てきたとしても、一人さんみたく瞬時に離れられるし、嫌なやつに人生をかき回されることがなくなるの。

一人さん流で言えば、嫌なやつとはもちろんのこと、話のかみ合わない相手とも、無理にコミュニケーションを図ろうとする必要はありません。気の合わない人と一緒にいても、いずれどこかで衝突するときが来るんだよね。

といっても、一刀両断にバサッと関係を切るような極論ではなく、必要最低限の関わりにすればいいだけです。お誘いを受けても、露骨に嫌な顔をしたりせず、「その日は用事があってごめんなさい」ってやんわり断ればいいよね。

わずかな距離を取るだけでも、相手への感情はずいぶん違ってくるものです。

また、付き合う相手には、「魅力」の問題が深く関わってきます。

人生の場数を経てあなたが魅力を増せば、当然に、それまで以上に魅力的な人と付き合いたくなる。**魅力は波動としてにじみ出るものだから、魅力のレベルに大きな差があると、自分も相手も、お互いに居心地が悪い。だから離れたくなるんです。**

波動には、同じような周波数だと引き合うけれど、あんまり違う波動の場合は、磁石の同じ極同士が反発するみたく、お互いに遠ざけたくなる特性があります。だから、あなたが離れることで、相手もホッとするんじゃないかな。

ちなみに、人間関係における場数の話をすると、「経験を積めば、好意を持っている相手が、自分のことをどう思っているかわかるようになりますか？」って聞かれることがあるんだけど。

もちろん、ある程度はわかるかもしれません。ただ、態度や表情で判断しやすい人もいれば、そうでないケースもあるし、なかには、好きな相手にはなぜか冷たくなっちゃうタイプの人もいるからね（笑）。

いくら場数を踏んでも、想定外の反応をする相手のことは、残念ながらよくわからないと思います。

でもね、一人さんはそんなこと気にしたことがない。

私は、心惹かれる女性が出てきたら、細かいことなんかに関係なく、すぐに「好きです」「俺の女になりな」とか言っちゃうよ（笑）。もし相手が難色を示せばサッと身を引くし、すぐに次に行く。単純明快なの。

そして、そんな軽さと切り替えの早さで、私は彼女を40人も作るという偉業を成し遂げた（笑。もちろん冗談ですよ）。

「どうやったらそんなに彼女ができるんですか」「そこらじゅうの女性に声をかけ回ってるんですか」って聞かれることもあるけど、そんなわけありません。


本当にモテる人というのは、人の心をときめかせる恰好をしていたり、愛のある会話をしたり、いつも素敵なんだよね。こういう人は、直接的なアプローチなんかなくても、モテまくっちゃうの。

魅力があるだけで、周りじゅうを口説いてるのと同じだし、黙っていても、向こうから寄ってくるんです。

で、**魅力をつけたいんだったら、場数しかない**。

どうやったら自分の魅力が増すだろうって、研究を重ねてみたらいいですよ。

謙虚さを失ったら幸せも消えるよ

一人さんが、昔から大切にしていることがあるんです。

それは、謙虚であり続けることです。

私は納税日本一になり、ありがたいことに世間からは大変な成功者だと思われているんだけど、だからこそ、より謙虚でいたいと思っているの。


一人さんは、いばりん坊が大嫌いなんです。

子どもの頃に、すごく嫌な大人を見たことがあってね。どうやらその人はすごいお金持ちらしいんだけど、とにかく横柄でいばり散らしてたわけ。子どもの私ですら、見てるだけで気分が悪くて、「こんな大人にはなりたくない」と心底思った。

いばりん坊じゃ誰からも好かれないし、心をゆるせる相手ができるはずもない。

いいことがあっても、それを一緒に喜んでくれる人もいないなんて、こんなに寂しいことはないよなって。

自分が成功することも大きな幸せではあるけれど、その幸せを独り占めしてるだけでは、やがて幸せは消えちゃうの。

得た幸せを誰かと分かち合えるから、幸せって続くんだよね。

それには、自分も、そして周りも幸せでなきゃダメでしょ？　片方だけ幸せでも、

お互いに「幸せだね」とは言い合えません。

だから私は、周りの人を自分と同じぐらい大事にするし、絶対にいばらないと決めている。これは生涯、一人さんが挑戦し続けるテーマなんです。

そもそも、ある部分で成功したからって、人間として完璧なわけじゃない。人はみんな未熟で、足りないところなんて探せばいくらでもあるよ。

この世界で生きるんだったら、自分にできないことは、人に手伝ってもらわなきゃいけません。だけど、いばり散らしてるようなやつは、誰も手伝ってくれないよ

ね。

周りを大切にしない人は、ひとりで苦労を抱え込むことにもなるんです。

それとね、成功するとやっかみで人から陰口を言われるんじゃないか、嫌われるんじゃないかって気にする人がいるんだけど。

その不安の原因は、周りに愛のある仲間が少ないからだと思います。愛のある人しかいなければ、たとえ陰口を言われようが、ほとんど気にならないものだよ。

陰口が聞こえてくるって、陰で言われていることを、わざわざあなたに伝えてくる人がいるわけでしょ？　あなたの耳に入れるお節介な人がいるから、陰口を知ることになるんです。

そういう親切ぶった嫌なやつは、そばに置いちゃダメなの。

本当に愛のある人は、こちらが気分を害することなんて言いません。だからって傍観するのでもなく、見えないところで、悪いやつをやっつけてくれたりするんだよ。

そういう人で周りを固めちゃえば、陰口なんて怖くない。

もし聞こえてきても、一人さんだったら「お前、俺の陰口言っただろう?」って反撃しちゃうね。それも倍返しで(笑)。

じゃあ、愛のある人で周りを固めるにはどうするんですかって言うと、まずは自分がいつも機嫌よく、そして謙虚であること。その場数を踏むことだよ。

第2章

波動が上がり楽しい世界が待っている！

みっちゃん先生

「完璧でなくていい」と場数を踏んで気づいた

一人さんの弟子のなかでも、私は、断トツナンバーワンで緊張しやすいタイプです。

かつて一人さんや仲間たちと全国を講演で回っていたとき、ほかのみんなはしっかり講演しているのに、私はいつも、「今日は挨拶だけさせていただきます」というひと言で終わり（笑）。

それで勘弁してもらっていたというか、正直に言えば、挑戦から逃げていたんですね。緊張に耐えられなくて。

ところが、ある日のこと。場の雰囲気で、とうとう私も講演しなきゃいけない流れになってしまい……。

そんな私に、一人さんがかけてくれたのが、

「場数だよ」

というひと言でした。

だけど、そのときの私は、場数と聞いてもまったく腑《ふ》に落ちなくて（笑）。

もちろん、頭では「経験を積むしかない」とわかりますが、やっぱり最初のステージが怖くてたまらないわけです。

こうなったら、やるしかない。そう腹をくくったつもりでも、体は正直です。

足はガクガク震えるし、ドキドキしすぎて、今にも心臓が口から飛び出しそう。

一人さんにも、「心臓が出ちゃう！」「なんとかして〜（泣）」って、すがりつくばかりでした。

でも、一人さんはまったく動じません。「じゃあ、いっそ心臓出してみな（笑）」って、いつも以上に軽やかに笑い飛ばすのです。

少しでも私の緊張がほぐれるよう、明るい波動でサポートしてくれていたんですね。

「1分でも話せたらしめたもの。それを100回やれば、絶対できるようになるよ」最後はそんな言葉で送り出され、ついに登壇のときを迎えるのですが……。案の定というか、緊張マックスで足がもつれ、わずか3段の階段に躓《つまず》くという失態(笑)。頭が真っ白になり、その日は、自分でも何をどう話したのかよく覚えていません。

そんなこんなの初回講演会だったのですが、以降も、一人さんや仲間の励ましで登壇するなか、何度目かの講演会で私は大きな気づきを得ました。

その日も相変わらず大緊張だった私は、壇上で、またしても頭が真っ白に。話すべき内容が、スコーンと抜けてしまったんです。

沈黙が続き、気持ちはあせる一方。でも、あせるとますます言葉が出てこないし、さすがに「終わった……」と思いました。

そんなとき、聞こえてきたのが「みっちゃん先生、○○だよ」というささやき声。

なんと、いちばん前に座っていたお客さんが、助け船を出してくれたんです！　その方は大の一人さんファンで、いつも講演会に参加してくださる常連さん。私の講演もすでに何度か聞いてくださっていたため、話の内容をご存じだったのです。

おかげで命拾い。「そう、その話です！」なんて、失敗を笑いに変えることができました。


私が学んだのは、**「どんな場面でも、自分に完璧を求めなくていい」**ということです。


お客さん（周りの人）って自分が思うよりずっと優しいし、困ったときは、誰かが助けてくれるんですよね。

私を必要以上に緊張させていた最大の原因は、自分ひとりでなんとかしようとしていた、その思いです。

下手な講演で一人さんファンを失望させてはいけない。お金を払って来てくださっているのだから、完璧な講演をしなきゃ。そんな気持ちが大きくて、自分で自分にプレッシャーをかけていたんですよね。

だけど、世間って本当はそんなに厳しくない。困ったときは手を差し伸べてくれる人がいるし、もっと気楽な気持ちで向き合えばいいんだよねって。

今も、私は人よりはるかに緊張しやすいタイプです。人前に立つと、やっぱり体が震える。

ただ、場数を踏んで「完璧じゃなくていい」を知ってからは、そんな自分にダメ出しをすることがなくなりました。**失敗しても、これも場数だと気楽でいられます。**

なにより、新しいことにチャレンジする楽しさを覚えたおかげで、人生のグレードが信じられないぐらい上がったように思うのです。

話下手な人は「1分間スピーチ」から始めよう

お伝えしたように、私はもともと人前で話すのが大の苦手。口下手なので、自分の気持ちや考えを人に伝えること自体、自信がありませんでした。

でも、こうした技術についても、場数を踏むことで段階的に向上させることができできたのです。

私がやっている東京・新小岩の「一人さんファンの集まるお店」では、1分間の持ち時間の「1分間スピーチ」というものをやっていました。

仲間内では「カーネギーホール」と呼んでいるんですけど（笑）。

話すテーマに縛りはなく、自分のこと、一人さんについて、あるいは笑えるエピソードなど、誰も傷つかない内容ならなんでもOK。そして、聞いた人は全面的に肯定し、拍手を送るのがルールです。

私もよく出向き、ビール箱の上に乗っていろんな話をしました（笑）。そこでの場数が、私の話術を磨く大きな助けになったんですよね。

何をしゃべっても「いい話だったね〜」「すばらしい！」と拍手がもらえるし、どんなに言葉に詰まろうが、誰ひとり嫌な顔をしません。

みんなニコニコ聞いてくれるので、安心して失敗できる貴重な場なのです。

数人だけのささやかな集まりですから、アットホームなゆるさがあるうえ、スピーチするのは1分という短い時間。たとえ緊張したとしても、1分だったら、初心者でもなんとかかいけますよね。

ただ、この1分間スピーチは奥が深い。

短時間で気楽な面はありますが、実は、制限時間内に話をまとめきるという意味では、かなり難度が高いのです。伝えたいことをコンパクトに整理する必要があるのに、短すぎると寸足らずで間延びします。

が、これもまた場数。何度も経験するうちに、1分の時間感覚ができてくるんです。だんだん絶妙な尺にまとまってくるのが、本当におもしろくて。

おかげで、言いたいことを短い言葉で伝える話術を磨くことができました。

一人さんは昔から、**「人前でする話は、短いだけで100点」**と言います。

結婚式などのパーティ、学校の朝礼といった場で、話が延々と終わらない人がいますけど、あれはいただけませんね（笑）。校長先生の話が長すぎて、炎天下で生徒がバッタバッタ倒れるのに、それでも話をやめないのは不思議。

「下手な話とか歌とかって、聞く人は地獄だよ（笑）。特に話は、〝もうちょっと聞きたかった〟と思われるぐらいでちょうどいいんです。短いほうがいいし、短いだけで100点。嫌味じゃなくて、愛で言ってることだよ」

そう一人さんが話すように、要点を絞って短くまとめる技術を身につけておくと、どんな場面でも人に喜ばれるスピーチができるのです。


一人さんファンのなかには、私のように緊張しやすい人が少なくありません。その方々を見ていても、1分間スピーチに参加するうち、みなさん目に見えて度胸がついてきます。

また、「ここでは何を話しても大丈夫」という安心感で、胸の奥にしまい続けてきた本音や、ずっとフタをして見ないようにしてきたトラウマ、わかってもらいたいのに「どうせ誰も受け入れてくれない」と思い込んでいた自分のことなどを、次々に話し出すのです。

信頼できる相手に心を開き、胸の内を明かすことで、みんな憑《つ》き物でも落ちたように笑顔が輝いてくる。その様子は、とても感動的です。


今ではカーネギーホールが進化して、ひとり持ち時間が５分の「寺子屋お茶会」を開催しています。

この寺子屋はどなたでも１０００円で参加できますので、興味のある方は、ぜひお近くの銀座まるかん特約店に連絡してください。Ｚｏｏｍでも開催しています。

寺子屋がきっかけで、人前で緊張せずに話せるようになったり、会社のプレゼンで成功したり、講演家になったりした人もたくさん生まれています。

一人さんファンは温かく、深い愛のある人たちばかりです。私のように自信が付くことと受け合いです。新しい、素敵な出会いも待っていますよ。


（※）お近くの銀座まるかん特約店は、こちらから検索できます。

引きこもりの私に一人さんの衝撃のひと言

話が前後しますが、序章で触れたように、私は20代の終わり頃にノイローゼになりました。およそ2年間、家から出られない期間が続いたんですね。

そんななか、時には「私が生きてる意味って？」なんて生きることへの疑問が浮かぶこともありましたが、実はどちらかと言うと、私の場合、生きていたいという思いのほうが強かった。

その理由は、一人さんです。

一人さんに会えばなんとかなる。それが根っこにあったからです。

一人さんは、もともと私のいとこの友達でした。それだけに知り合って長く、初対面は、私がオムツをしていた頃（笑）。私のなかでは、一人さんって「頼りになる親戚のお兄さん」みたいな存在でした。

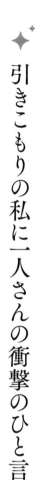

昔からあったかくて、やることなすことカッコいい一人さん。いとこの家で会うたび、とても幸せな気持ちにしてもらいました。

「みっちゃんは笑顔がかわいいね」

「みっちゃんって、よく気のつく子だね」

いつもそんなふうに褒めてくれる一人さんが大好きで、用もないのにいとこの家に通う私（笑）。今思えば、一人さんにもらった数々の言葉が心にストックされていて、ノイローゼで家から出られなかった間も、その愛に支えられていたのだと思います。

家に引きこもりながら、浮かぶのは一人さんの顔ばかり。とにかく一人さんに会いたい、一人さんの優しい声が聞きたいと願いました。

だけど、当時は一人さんと何年も会うチャンスがなく、連絡先すらわかりません。ましてや家から一歩も出られない私ですから、どうしていいかわからず、悶々《もんもん》とする日々を過ごしていたのです。

そんなある日、いとこが結婚するという知らせが届きます。

一人さんはいとこの親しい友達ですから、結婚式には、きっと一人さんも参列するはず。ついに訪れた、千載一遇《せんざいいちぐう》のチャンスです。

早く一人さんに会いたい！

その気持ちだけで結婚式の日を待ち、私は2年ぶりに、外の世界へ足を踏み出しました。

会場には、ずっと会いたいと思っていた人の姿がありました。昔と変わらない一人さんの笑顔に、私は久しぶりに安心感を覚えました。

一方、一人さんのほうはというと、長い引きこもり生活ですっかりやせこけた私に衝撃を受けたよう。「みっちゃん、そんなにやせちゃってどうしたの!?」と、ずいぶん心配されました。

一人さんは、これまでの経緯を伝える私の話を、黙って聞いてくれました。そしてすべて話し終えると、こう言ってくれたのです。

「みっちゃん、今日からレバー食べな」

このひと言から、私の復活に向けた快進撃が始まります。

場数を踏んでこそメッセージを受け取れる

病は気から、と言われます。自分は病気なんだ、元気になれないと思い込んでしまうと、なかなか回復しないんですよね。

その反対に、「絶対よくなる」「大丈夫、大丈夫」と思っている人は、明るい波動で病気までよくなることが珍しくありません。

また、心の調子が落ちてしまったときは、体からアプローチすることで、心の元気を取り戻しやすくなる。

一人さんの「レバー食べな」という短い言葉には、こういったメッセージが込められていました。

考えてみてください。

お肉をじゃんじゃんバリバリ食べている人に、病気で苦しんでいるイメージはあるでしょうか？　ないですよね、めちゃくちゃ元気な姿しか思い浮かびません（笑）。

なぜかと言うと、お肉を食べるという行為そのものに、明るく元気な波動が宿っているからです。お肉を食べてエネルギーが満タンになれば、自然と心のエンジンもかかってくる。元気になるんですよね。

実際、お肉を食べるようになって1～2カ月のうちに、私の顔にはみるみる笑顔が戻ってきたし、間もなく、以前と同じように外に出られるようにもなりました。

こうした経験を通じて思うのは、一人さんのひと言って本当に含蓄がある。

一人さんは、それほどおしゃべりなタイプではありません。いつも、短い言葉をポンと出してくれるだけなんですけど、そこには重要なメッセージが隠されています。

そして、それに気づけるのは、一人さんの教えを素直に受け止め、行動し、場数を踏んで成長した人だけです。

初めにすべてを解説してもらえば、もっとわかりやすいんじゃないですか。行動しやすくなるのでは。そう思う人がいるかもしれませんが、私の経験から言えばその逆。

一人さんの言葉が短いからこそ、気楽にやってみようという気になる。そして、やってみると本当に気持ちや状況が変わるから、楽しくなって長く続くんですね。

もし最初に長々と説明を受けていたら、途中で「言われた通りになってないけど、大丈夫かな……」なんて不安も出てくるでしょうし、うまくできない自分を責めてしまう人もいると思います。

場数を踏んでこそ、自分に必要なメッセージを受け取れる。

一人さんの教えの真髄はそこにあって、出る結果の大きさもさることながら、心の成長という側面から見ても、これ以上の精神論はない。

私はそう確信しています。

場数を踏めば波動が上がる！

一人さんとの再会後、心も体も回復したことで、次第に労働意欲が湧いてきました。

そろそろ仕事をしてみようかな？　そんな気持ちになっていたところ、偶然にも、以前お世話になっていた会社であるニッポン放送から連絡があり、「またうちで働きませんか？」とお声がけいただいたのです。

このタイミングもすごいのですが、お誘いを受けたのが「経験のある会社」というのも、私にとっては奇跡でした。

新しい職場だと、初めてのことばかりです。心に問題のない人ですら、大きなストレスがかかるものですよね。

その点、勤めた経験のある会社なら、職場環境や仕事内容がおおよそわかり、ストレスが最小限に抑えられる。社会復帰へのハードルが低いのです。

こうして社会復帰した後には、さらなる転職の機会にも恵まれ、スムーズに新しい会社へ移ることもできました。


次の職場である産經新聞社での業務は、経理でした。私は過去に経理の経験がなく不安があり、その苦手意識のせいか、やっぱり計算が合わないことが多くて……。

いくら計算し直してもダメなときは上司に手伝ってもらうのですが、そうするとなぜかピタッと数字が合う（笑）。

経験ってすばらしいなと、ここでも場数のすごさを感じました。

ちなみに、この上司はちょっと一人さんを思わせる優しいタイプで、しょっちゅう計算間違いをする私に対しても、決して下に見ません。いつも、ヤクルトとともに励ましの言葉をくれるんです。

自信を失った私が「仕事、やめようかな」なんてこぼしたときも、「大丈夫、もう1回やってみようよ」って一緒に計算してくれる。

最初は不安でしたけど、上司のおかげでだんだん仕事が楽しくなり、結局、まるかんの仕事を始めるまでずっと働かせてもらいました。あのときの上司には、今も感謝しかありません。


普通は、2年以上ものブランクがあると、働くことが怖くなると思います。ちょっとしたストレスで、また心が病んでしまわないか不安にもなるでしょう。

でも、私がそうだったように、自分で足を踏み出した人には、その先にあったかい場所、すばらしい人が待っていてくれます。

無理なく社会復帰できる環境、想像を超える楽しい世界が用意されています。

場数を踏めば踏むほど、波動も上がるから。

簡単なことでも、一歩踏み出せば「できた！」という喜びで心が軽くなるし、「次はこれをやってみよう」という前向きな気持ちになり、また一つ波動が上がります。

ちりも積もれば山となる。というのは本当で、小さな場数を踏み続けるうちに、どんどんいい波動になるし、明るい未来が作られるのです。

新しいことを始めて、うまくいかず不安になったときは、一人さんのこの言葉を思い出してください。

「やってみて自分に合わないと思えば、いつでもやめていいんだよ」

仕事でもなんでも、無理をしたり、我慢したりするのは場数とは違います。ここで挑戦するのはおかしいかも、と感じたときは、別の場所へ行けばいい。

でもね、そう思いながら気楽に生きていると、むしろ長続きすることも多い。心配することは何もないのです。

自分が変われば周りも変わる

ある若い女性から、相談を受けたんです。

「私は、家族や友達にすら心が開けないタイプなのですが、そんな調子なので、職場でも人間関係がつらくて……。もう、仕事をやめたいです」

それでちょっとおしゃべりをしてみたのですが、私的には、彼女がすごく心を開いてくれているように感じます。

不思議に思いながらも、私はこんなアドバイスをしました。

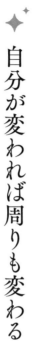

「やめたければ、仕事なんていつでもやめたらいいのよ。

だけど、もうちょっとその職場にいてもいいかなって思うなら、あと少しだけ働いてみたらどう？

それでもやっぱり合わなければ、その時点でやめたらいいし、もしかしたら、まだ続けたいと思うかもしれないわよ」

しばらくして、その女性から後日談を聞く機会がありました。

「みっちゃん先生に言われた通り、いつでもやめられると思いながら会社に行ってみました。そしたら、会社の人がみんな優しくなったんです♪

もうしばらく、今の仕事を続けてみようと思います！」

まさにこれ、典型的な波動の法則で、「自分が変われば周りも変わる」という最高の例でしょう。

あるいは、本当はみんな優しかったのに、彼女が勘違いをしていた可能性もあるかもしれません。自分否定が強いと、人の優しさも見えにくくなるので、悪い思い込みをしてしまうことがあるんですよね。

いずれにしても、自分が変わらなければ周りも同じまま。自分が心を軽くすることで、問題が解決したのだと思います。

私の場合もそうでしたけど、いい人間関係に恵まれると、苦手な仕事を好きになることがあります。気が向かない仕事だったはずなのに、みんなと働くことが楽しくて、いつの間にか仕事まで好きになったり、やりがいを感じるようになったりする。

それと同時に場数を踏んでいけば、手際がよくなり成果も上がってきて、ますますいい循環に入ります。

場数の力と波動の力をかけ合わせると、すさまじいエネルギーが生み出される。

人生が変わるのは当たり前なのです。

人生の壁に当たっても軽く受け止めな

運動能力といった身体の変化は、数字で成果が見えやすい特徴があります。

トレーニングの結果、100メートル走のタイムが縮まったとか、ランニングできる距離が伸びたとか、腹筋の回数を増やせたとか。体重が減ったり、筋肉量が増えたりと、目に見えて効果を実感できますね。

一方、心の成長はなかなか自分で確認できません。「そういえば最近、あまりイライラしないかも」などの感覚的な変化を感じることはあっても、以前との比較がしにくいので、どうしても「まだまだ」「全然ダメ」という気持ちになりやすい。

それは私もよくわかるのですが、場数を踏んで後退することはまずないし、やればやっただけ、確実に進化します。

人間の心は奥が深いので、見ているところの裏側が成長していた、なんてこともあるんですよね。そこをしっかり見てあげて欲しいです。

人は、急に成長することはできません。

何度も壁にぶち当たりながら、それを楽しく乗り越え、訓練し続けることが成長のカギです。

一人さんは、壁が出てくると**「またレベルアップしちゃうなぁ〜」**なんて喜んじやうそうですけど（笑）。

それくらい軽く受け止められる人が、どんどん上に行くのだと思います。

心は体と違って、伸びしろに限界がありません。また、肉体のように、今世だけのお付き合いでもない。

永遠に生き、成長し続けるのが心（魂）です。

今世うまくいかなくても、また来世で挑戦すればいいだけのこと。もし来世でもダメだったら、その次も、さらにその次もあります。永遠にチャンスがある。

心とは長い長いお付き合いですから、そんなふうに、優しく自分を見守ってあげましょう。

初めてのことは、うまくいかなくて当たり前。新しい挑戦をすれば、間違えることもあります。

でも、自分だけが失敗するわけではありません。失敗するのはみんな同じ。

誰だってミスをするし、ミスをするからうまくなる。
大丈夫、大丈夫。
そう思いながら、軽やかに場数を踏んでくださいね。

第3章

あなたはもう莫大な財産を持っているんだ

斎藤一人

幸せの後にはまた幸せが来るよ

一人さんが考えるいい思い込みとは、「幸せの後に幸せが来る」。それに対する悪い思い込みは、「苦労の後に幸せが来る」です。

人間には、波動の法則があります。この大原則にしたがって、みんな生きているんだよね。

だから一人さんは、幸せの後に幸せがくると思い込んでいます。そう信じることで、100%幸せが保証されるから。

今、幸せな人からは、幸せの波動が出ます。幸せの波動があれば、次もまたいいことが起きるんだよね。

今が幸せじゃなきゃ、永遠に幸せは来ないの。わかるかい？

苦労の後に幸せが来るのが当たり前だと思っている人は、目の前に苦労があっても疑うことをしません。これもしょうがないと苦労を受け入れ、我慢するんだよね。でもさ、それが当たり前かどうかに関係なく、苦労ってつらいでしょ？　自分がつらい波動になれば、その先にもまた苦労が来ちゃうんだよね。

いつまでたっても幸せになれないと、人は怒りや絶望に支配されます。「あんなに我慢したのに！」って、負のループにはまり込んで抜け出せなくなるの。

苦労の後に幸せが来るという思い込みは、自ら苦労を買って出るようなもの。知らないうちに、困難な道を選んじゃってるんだよね。

もちろん、いくら幸せな波動で生きていても、ときに災難に見舞われることもあります。自分につらいことが起きたり、大切な人が苦しむ姿を見ることになったり。

でもね、私たちはこの世界に、「体験」をしに来たんです。

いいことだけじゃない。悪い出来事もあるから、陰陽のあるおもしろさを味わえたり、人の優しさに触れたりするの。

いいことばかりで困ってる人がいない世界では、誰も愛なんて出さないだろうし、適当に生きるだけで、退屈な人生になると思います。

何より、魂は学びを通じて成長することを望んでいる。うれしいことのなかにも学びはあるけど、人は、苦境に立ったときほど真剣に学ぼうとする生き物です。苦労は嫌だ、幸せでありたい、人に喜ばれたいと思うからこそ、学びの意欲だって湧く。

学びのためには、やっぱり嫌なことも必要なんだよね。

悪く見える出来事でも、そこには宝物が隠されていて、それを見つけて学びを深めることに大きな意味がある。そこからまたさらに大きな幸せへと続く。

一人さん的に言えば、**悪いことは、楽しい宝探しゲームなんだ。**

困難に直面しても、幸せの後に幸せが来ると思い込んで疑わない人は、最速で学び終えて、そこからまた明るい道を歩きます。揺さぶられることがあっても、すぐに態勢を立て直せるから、ほとんどダメージを受けません。

それを、苦労の後に幸せが来ると思って我慢しちゃうと、いつまでも学べないまま、さらなる苦労を迎えることになる。

このことを肝に銘じ、「幸せの後には幸せが来る」を毎日意識し続けることだよ。

言い訳ばかりの人は実は才能があるんだ

何かと言い訳の多い人っているんです。こういう人は何を考えているんですかって言うと、常に言い訳を考えているんだろうね。

反射的に言い訳が出るのは、それだけ頭のなかに「言い訳の慣れ」みたいなのがあるからで、ある意味、言い訳の場数を踏みまくってるのだと思います。

専門家や一家言《いっかげん》ある人が、なぜその分野で人より優れているのか。

理由は明快で、それについて四六時中考えたり、勉強したりしているからです。人の何倍も思考を巡らせなきゃ、詳しくなれるはずがないよね。

長いこと続けた仕事で実力が認められるのだって、その仕事で多くの場数を踏み、どうすればよりよい結果につながるだろうって考えてきたからです。

それと同じで、言い訳の多い人は、いわば言い訳のプロ。せっかくプロになれたんだから、いっそ「言い訳専門家」として、本でも出したらいいと思うよ（笑）。

冗談みたいな話になっちゃってるけど、一人さんはまじめに言ってるの。

言い訳って悪者扱いされるし、もちろん、場合によっては言い訳が絶対ダメなケースもある。じゃあ、言い訳は100％悪いものですかって言うと、それは違うよ。

世の中には、うまい言い訳ができず困っている人がいるの。小さな言い訳一つができず、やられっぱなしの人っているんだよね。会社で上司に追い込まれたり、学校でいじめられたり。

ちょっとした言い訳ができるだけで、苦しまずに済むかもしれないんだよ。**場面によっては、言い訳は自分の身を守る大事な武器になる。**

言い訳を駆使して、嫌なやつからうまく逃げる、人助けする、成功をつかむ……そんなのがあれば、みんな知りたいでしょ？　奥さんに浮気がバレたとき、宿題を忘れたときの言い訳やなんかも、かなり需要があるだろうね（笑）。

そういうのをインターネットで紹介したら、出版社から「本を出しませんか？」なんてお誘いもあるんじゃないかな。

という側面が見えると、言い訳の専門家は、すごいニーズがあると思います。言い訳を伝授するSNSがあったら、たちまち100万人ぐらいはフォロワーができるんじゃないかな（笑）。

特技を活かして人助けをすれば、その道で成功すると思います。

言い訳の専門家として研究を深めていけば、客観的に「こんな場面で言い訳はNG」みたいな分別もついてくるだろうし、いい加減な言い訳ばかりだと、それはプロとは言えません。自然と、「悪い言い訳」も消えるんじゃないかな。

発想の転換なの。なんとかして、問題を、問題でなくしちゃえばいいんです。

なお、勘違いされやすいんだけど、言い訳というのは、自分で責任を負うべきことを、人のせいにするのとは意味が違います。

人のせいにするのは、誰かに責任転嫁して自分だけ助かろうとする、卑劣なやり口なの。ただの嫌がらせで、これは100%よくない。

それに対し、なぜそれができないのか、うまい理由をつけるのが言い訳です。

あなたが言い訳のプロを目指すんだったら、ここは勘違いしないように気をつけなきゃいけない。そしてどうせなら、聞いた人が大笑いしちゃうぐらいの、突き抜けた言い訳を考えたらいいね。

最高の言い訳をみんなに伝授できるよう、場数を踏んで才能を磨き上げてください。

あなたの使命こそ最高の善行になる

あなたには、「これだけは生涯やめない」と思うものはあるだろうか？

一人さんの場合は、まず、女性好きなことです（笑）。やめないというか、やめられないんだね。

これは、神が決めた使命だから。

一人さんが女性を好きなのは、自分のためにも、人のためにもなる。そんなすばらしいものを、勝手に手放せないよな（笑）。

神様がつけてくれた使命は、それを追求することで人生がうまくいくようになっています。人の役に立ち、自分に大きな価値を与えてくれるものだから、使命は貫かなきゃいけない。


たとえば、一人さんはテレビやなんかに出たことがありません。世間に広く顔を知られるのが嫌なんです。

なぜって？　大勢に顔を知られちゃうと、たくさんの女性とデートできないからね（笑）。彼女が40人いる身としては、それがゆるされない世界は想像すらできません。

それに、人目が気になって、趣味のエロ本すら買えなくなるのも困る（笑）。使命を追求できなくなるのは、神の意思に反すること。だから、私はいっさいメディアに出ないわけです。

エロ本を買うことのどこが使命なんですかって、これはものすごい価値のあることだよ（笑）。

エロ本を1冊でも買えば、本屋さんや出版社が儲かる。本のなかで裸になってる女性にしても、別に裸でいたいわけじゃないよね。お金を稼いで、洋服とかバッグとかを買いたい。つまり、その女性のオシャレ代にもなるわけです。

女性にとってオシャレが使命なら、それを応援することにもなる。1冊のエロ本で人の使命まで支えられるなんて、最高の善行だと思いますよ。

まじめな人は、こういう話をするだけで「不謹慎だ」「節操がない」とか言い出すけど、ちょっと頭が固いね。エッチな話が嫌いな人は別として、本当は大好きなのに、表では立派を装うからおかしなことになるんだ。

一人さんみたく、表裏なく自分に正直に生きたら気楽だし、その軽い波動があれば、ずっと幸せでいられるよ。

私は、エロ本を1冊買っただけでも、自分がどれぐらいすばらしい人間であるか、いくらでも語れる人間です。ふつうの人がコソコソ買って隠すところを、私は堂々と、そこに大きな価値をつけて発表する（笑）。

なぜなら、これは一人さんの使命だからです。まだまだ場数を踏み続け、この使命で魂を成長させようと思っています。

タツヤ（弟子の鈴木達矢さん）だってさ、浮気してしょっちゅう奥さんにとっちめられてるけど、それでもやめない。タツヤにとって、浮気はそれほどの楽しいことで、これもやっぱり、生涯やめちゃいけない使命なんだろうね（笑）。

そして、幸不幸の分かれ道というのは、こういう楽しい考え方ができるかどうかなんだ。

冗談でも自分否定したら魂が泣く

ある人から、「かわいげのある女性になりたい場合、どんなことをするのがいちばんでしょうか？」と聞かれたんです。

かわいげのある女性になりたいと言うぐらいだから、今は自分でかわいくないと思っているんだね。だとしたら、最初は演技するしかない。

まず、笑顔は絶対です。そして、かわいげのあるフリをしたらいいよ。人気の芸能人とか、自分の周りにいるかわいい人を参考にしてやってみな。

それで場数を踏むうちに、だんだんフリがうまくなってきて、やがて本当にかわいげが出てくるの。慣れることでそれが当たり前になり、かわいらしさが定着するんだよね。

それと、似たような話で、別の人から「〝私はブスだけど、自分のことは好き〟と言う人がいます。自分をブスだと思いながら、それでも自分が好きだというのはありえる話ですか？」と質問されたんです。

一人さんの意見を言うならば、そういう人がいてもおかしくはないだろうね。

ただ、その人の発言の一部を切り取っただけなので、本当のところはわかりません。

本人の言動を広く見て、本気で自分をブスだと思っているのが透けて見える場合は、「自分のことが好き」というのは偽りの可能性があるかもしれない。

自分を愛してる人は、たとえ顔の造形的にはマズくても、愛の波動でかわいく見えるの。不思議なもので、ブスな感じがなんともチャーミングだったりしてさ。個性的で愛嬌がある、病みつきになるかわいさ、とかってモテちゃうんだよ。

本人だって、自分を大切に思ってるわけだから、まず自分をブス扱いしない。しかもモテるわけだから、きっと自分をかわいいと思ってるはずだよ。

もし「私はブスで」なんて言ってても、それは冗談だと思います。


ただ、一人さん的には、冗談でも自分をブスだと言うのはやめたほうがいい。

たいていの人は、「人に対してブスだと言ってはいけない」ということはわかってるの。悪口で人を傷つけちゃいけないって。

ところが、こと自分に対しては、なぜかそれを忘れてしまう。自分のことは、どんなに卑下してもいいと思ってる人がいるんです。

それ、大間違いだからね。

いくら自分に向けた冗談でも、言われた心は傷つくの。魂が泣くよ。

それに、言葉には言霊があります。繰り返しブスの波動を浴びていると、本当にブスになっちゃうんです。

たまに、人を笑わせようとして自虐ネタばかり言う人がいます。

自分をブスだと言うのもそうだし、「俺はバカだから」「もうオバサンで」とか。1～2回なら笑えるかもしれないけど、繰り返し言われると、聞いている側だって気が重くなる。

特に、「人は誰もが特別で価値がある」と思っている一人さんなんかは、そういうのを聞かされると苦痛でしょうがないんです。「自分には価値がない」と言っているようで、すごく気分が悪い。こっちまで悲しくなっちゃうの。

だから、もしそういう人がいたら、愛を持って、全力で「その話は飽きた」という顔をします（笑）。

飽きた顔をすれば、言ってるほうも「こういうのはウケないんだな」「場合によっては人を不快にさせる」とわかります。

なぜ聞いた人が不快感を示すのか、そのわけを考えるうちに、その人なりの学びだってあるんだよね。自分には価値があることを知るとか、言葉には言霊があるから気をつけようとか。

で、そんなことまで先読みしながら人づき合いができるようになるには、やっぱり場数を踏むしかないんだ。

心がつらくなったときの対処法ってあるよ

社会が豊かになればなるほど、うつ病にかかったり、自殺をしたりする人が増えると言われます。

その理由は、貧しいときと豊かになってからでは、心にかかる負荷が大きく違うからです。

みんなが貧しいときは、全員の目指すところがおおよそ一致しているの。

お腹いっぱいご飯が食べたい。

学校へ行きたい。

カラーテレビが欲しい。

求めるものがだいたい同じで、それを手に入れるために働き、お金を貯めたり、ローンを組んだりした。

同じところを目指す仲間が大勢いるから心強いし、一緒に走れば楽しい。悩みだってわかり合える。欲しいものが手に入れば、仲間と喜び合えるから、心が満たされていたんだよね。

当たり前だけど、昔だって苦労はありました。だけど、社会が「全体プレー」で動いていたことで、仲間との一体感が安心や幸福につながって、苦労はありながらも心は明るさを忘れなかったの。


それに対し、豊かになった今は、それぞれが「個」で動くようになりました。ひとりひとりが自由に、好きなように生きていい時代なんだよね。

ただし、自分がどうしたいのかを自分自身で考え、動かなきゃいけません。

昔は、欲しいものを周りが出してくれてたの。国や企業が、「これがあると便利ですよ」「みんな欲しいでしょ?」って提案してくれたから、あとは助け合いながらそこに向かって進めばいいだけだった。

ところが、ひと通り暮らしが整ってくると、今度は、欲しいものを自分で見つけなきゃいけないわけです。で、それができないと苦しくなっちゃうの。

自由な世界では、行動の結果、差も生まれやすい。羨望《せんぼう》や嫉妬みたいなものも強くなるんだよね。自分もあの人みたいになりたいのにできない、なれないっていう現実が、すごくつらくなる。

その最大の原因は、楽しく生きていないことにあります。

楽しく生きていれば、心が病むほど人をうらやましく思うことはありません。たとえ嫉妬される側になったとしても、「これだけ遊んでたら、嫉妬されてもしょうがないか(笑)」みたいに軽く割り切れるの。

楽しめば、すべて解決します。なのに、現代人は遊びが少なすぎるんだよな。

一人さんに言わせると、今の１００倍遊んでも足りないぐらいだよ（笑）。


幸せな人は、みんな楽しみを持っています。これさえあれば心が明るくなるっていう、人工太陽みたいなのがいくつもあるんだよね。

遊びの場数、楽しむ場数を踏んで、あなたも人工太陽をいっぱい増やしな。それがあれば、どんな時代でも笑って生きられるからね。

ＳＮＳで困ったら相手に発言させないこと

最近は、ＳＮＳやなんかで、一般の人でも自由に自分の意見を発信できるようになりました。そんな時代の変化で、一人さんのところにも、ＳＮＳにまつわる相談事が増えています。

一人さんは携帯電話すら持っていないぐらいなので（笑）、インターネット上のことはよくわかりません。ただ、実際に会ったことのある相手だろうが、ネットを介した関わりだろうが、人間同士が交流するという意味では同じだと思います。やっぱりみんながいちばん頭を悩ませるのは、「悪意のある相手」が出てきたときなんだよね。匿名がゆるされる世界だけに、とんでもない悪口を書き込んできたり、下に見てバカにしてきたり。

一人さんの考えを言えば、こういうやつは完全にシャットアウトするのがいちばんです。嫌な書き込みが見えないように、コメント欄を閉じたほうがいい。

人に悪意のある言葉を投げるやつって、誰かを傷つけることで、自分が憂さ晴らしをしているんだよね。自己肯定感の低い人なの。

こういうのに効果があるのは、自分は好きなように投稿しつつ、相手には発言させないこと。だから、コメント欄を閉じるのがいいと思います。

そうすれば、相手は一方的に見るだけで、何か言いたくても、入り口が閉まってたら悪口も言えない（笑）。自己肯定感が低い人にとって、これほど悔しいものはないからね。

そしてもちろん、自分が誰かのSNSにコメントする場合は、「言われた相手がどう思うか」という視点を絶対に忘れちゃダメだよね。

その点、一人さんの仲間たちはすばらしい。

些細なことでも「ありがとう」が身についている人たちだから、出てくるのは感謝の言葉ばかりなんです。たとえ自分とは違う意見の人がいても、「そういう考え方もあるんだね～」「勉強になった」という受け止め方をするので、相手を否定しようだなんて思いもしません。

昔、一人さんが本を読んでるときにお袋さんが言ったの。

「勉強して知識を増やすのは、人をバカにするためじゃないよ。大学を出てる人のなかには、行ってない人を下に見るのがいるけど、そんなことのために大学へ行くなら、行かないほうがずっといい」

知るということは、知らない人の役に立つためです。それを、ちょっと知識があるからって人を見下すなんて最低だよ。

こういう人間に知識があると、ロクでもないことにしかならない。知識なんかないほうがよっぽどかわいいし、それが社会のためにもなるんです。

愛を出すのは、息を吸ったら吐くのと同じぐらい当たり前。それもできないようじゃ、しょうがないよ。

平凡な毎日こそが奇跡なんだ

日本は平和な国だから、戦時中みたく爆弾が降ってくるわけではないし、ほとんどの人が人間らしく暮らせています。それを当たり前だと思い、平凡な日々をつまらなく感じたり、不満を抱いたりする人がいます。

日常が淡々と過ぎていけば、飽きてしまうのもわからないではないけど、平凡って本当はすごく特別なこと。平凡な毎日を送れるだけで幸せです。

過去に大きな震災が何度もあったように、同じ日本に暮らしていても、突如として大切な人や家を失うことがある。交通事故なんかもあちこちで起きていて、平凡な暮らしが奪われてしまった人はたくさんいるんです。

それを思うと、戦争や災害といった大きな苦難と無縁でいられること。大切な人と、平凡に暮らせること――どれもが特別で、奇跡なんだよね。

一人さんは、今日も生きていられるだけでありがたい。笑っていられることに、感謝しかないんです。

今ある環境が特別なものだと知っているから、不満なんて出てきません。

せっかく与えられた幸せな環境なのに、そこですら楽しく生きられないようでは、どこへ行っても不幸なの。「これがあれば幸せになれるのに」と思っているものを手に入れたって、すぐにまた新たな不満に支配されるだろう。

今あるもの、自分が持っているものに感謝し、ここで楽しむ気持ちがなきゃ、波動の法則から言っても未来は暗い。

一つ、自分が持っているものに目を向けられるようになる方法を紹介しましょう。

あなたには、体があります。もしかしたら、どこか不具合はあるかもしれないけど、目が見える、耳が聞こえる、声が出せる、おいしいものが食べられる、自分の足で立って歩ける、内臓が正常に機能している……そんなふうに、できることがたくさんあるよね。体の全部がまともに動かない、ということはないと思います。

じゃあ、その体をお金に換算してごらん。


これはあくまでもたとえ話で、法に触れるようなことを想像しないでもらいたいんだけど。

もし、「あなたの耳を50万円で売ってください」という人がいたら、あなたはどうしますか？　考えるまでもなく、断ると思います。耳がなくなったあとの不自由を思うと、いくらお金を積まれても応じられません。

目がなくても、鼻がなくても、臓器がなくなっても困ります。

体のなかで、どれ一つとして不要なものはない。どれだけ大金を積まれても、体を切り売りすることなんてできないよな。

つまり、私たちは生まれながらに莫大な財産を持っているわけです。

目玉1個、腕1本にしたって、とんでもない価値がある。この事実に気づくことだよ。

あなたに健康な体があるのは、当たり前じゃない。それこそ、何億、何兆というお金を毎日持ち歩いているのと同じなの。

同じように、**もしあなたが今、毎日を平凡でつまらないと感じているとしても、そんな日常だって、いくらお金を出しても買えないぐらいの価値があります。**

そう思えば感謝が湧くし、豊かな気持ちにもなるよね。

笑いながら豊かな波動を出していれば、豊かさが豊かさを呼び、本当に成功して豊かにもなると思います。

第4章

神様からのシグナルに気づこう

みっちゃん先生

不安をやわらげる脳の勘違い大作戦

人間の脳はおもしろいもので、自分の意思でコントロールできないこともあれば、簡単に勘違いさせることもできます。

そして、この「勘違いモード」をうまく利用すれば、人生の途中で出てきた壁の多くを簡単に乗り越えられるし、人生そのものまで変わります。

たとえば、「結婚式でスピーチを頼まれたけど、うまく話せるか不安」「取引先との会議でうまく説明できるか心配」みたいな場面でも、脳を勘違いさせることで、大きな効果を発揮します。

さて、みなさんはどんな勘違い作戦だと思いますか？

正解は、「笑顔」です！

人は、緊張するとまず笑顔がなくなります。

そして、話し手の顔が固まったり、引きつったりしていると、見ているほうもハラハラする。場合によっては、緊張した顔が怖く見えることもあるでしょう。聞く人の表情まで曇り、「つまらないなぁ」というのが顔に出ると、当然、場の空気は重くなります。

こうなると、話している人はますます不安になるし、緊張で追い詰められるのです。


運よく、その場に一人さんみたいな明るい波動の人がいてくれたら、その人の波動で、こちらまで気が軽くなることはあります。

結婚式なんかだと、お酒も入ってご機嫌な人がいるでしょうから、その明るさで場が和み、スピーチに立った人も笑顔で気楽に話せるかもしれません。

だけど、取引先との重要な会議などでは、味方である仲間も「失敗してはいけない」とピリピリする可能性が高いし、取引先の相手だって、きっと真剣モードになる。特に、大きなお金が動くような場面では、どうしても重い空気感が生まれやすいと思います。

こうなると、周りの波動に頼ることもできませんね。

その点、**緊張しながらでも自分が笑顔を忘れずにいると、脳は「今は楽しい時間なんだな♪」と、盛大に勘違いしてくれます。**

楽しいときに緊張する人はいないので、それだけで肩の力が抜け、少なからずリラックスできる。もちろん、完全に緊張しなくなるわけではないと思いますが、過剰にドキドキしなくなるだけでも、かなりのメリットがありますよね。

笑顔でリラックスしながら話せば、周りも安心モードで聞けます。お互いに、明るい波動を出し合える。

こういう場なら、少々のミスがあっても相手には好意的に受け取ってもらえるでしょうし、応援やフォローだってあるはず。

きっと、いい結果につながることでしょう。

ケタ違いの笑顔を真似してみるんだ

世の中に、笑顔の嫌いな人はいません。もし笑顔が好きじゃない人がいるとしたら、それは心に何か闇があるからだと思います。

その闇に光が差せば、笑顔が好きになるはずなんですね。

笑顔は、人を安心させたり、勇気を与えたり、楽しい気持ちにしてくれます。

そのうえ、これだけ高度な人間の脳を簡単にだませる力があるのですから、まさに最強の武器と言えるでしょう。

笑顔の人は、みんなに好かれます。

なかには好いてくれない相手もいると思いますが、その場合は無理につき合わなければいいだけ。「こういう人もいるよね」って、軽く受け流しましょう。

私は、笑顔の人は無敵だと思います。

知り合った人の笑顔が素敵だと、「また会いたい」と思います。ショッピングでお店の人が笑顔だと「次もまたここで買おう」ってなる。

男女に関係なく、笑顔の人はとっても魅力的なのです。


一人さんも、よく言います。

「人気の女優さんとかタレントさんは、笑顔が普通と全然違うの。ちょっと微笑むだけで、何万人という人の心をわしづかみにしちゃうぐらいの威力がある。

顔立ちがいいってことも人気の理由ではあるだろうけど、顔がいいだけじゃ、爆発的な人気にはつながらないよ。

そういう人は、間違いなく笑顔の魅力がケタ違いなんだ」


ただ、笑顔も慣れていなければなかなか出ないもの。生まれながらに明るい人もいるけれど、大多数の人は、意識していないと笑顔を忘れてしまいます。

だから、場数なんですね。

なんでもないときから笑顔の練習をしておくと、ここぞという緊張の場面でも、笑顔を忘れないのです。

家にひとりでいるときに練習してもいいし、ひとりでなかなか笑えない場合は、テレビやYouTubeのお笑い番組にきっかけをもらってもいいと思います。

100回でも練習すれば、慣れてきて、自然な笑顔が馴染むことでしょう。

余裕があれば、鏡の前で、自分がいちばん魅力的に見える笑顔を研究するのもおススメです。

一人さんからも、こんなアドバイスをいただきました。

「テレビのなかの人でもいいし、自分の近くにいる人でもいいんだけど、笑顔が素敵な人の真似をしてみたらいいよ。

同じ笑い方はできないにしても、参考になることはたくさんあると思います」

自分の笑顔を繰り返し鏡で見ていると、笑顔の波動が鏡に反射して、また自分に戻ってくる。ますます、明るい波動になる気がします。

みなさんも、笑顔の場数でガンガン魅力を上げていきましょう〜♪

笑顔で挨拶がコミュニケーションの基本

笑顔がちょっと上達した人に、挨拶《あいさつ》の場慣れについてもお伝えしたいと思います。挨拶はコミュニケーションの基本。挨拶なしに人間関係は成り立たないし、しっかり挨拶のできる人は、周りからも信頼されやすいでしょう。

また、**笑顔に挨拶が加わると、その効果は何倍にも大きくなります。**

ニコッと会釈《えしゃく》するだけでも素敵ですが、明るい声で「こんにちは！」をプラスすればムードがグッとよくなるし、さらに「いいお天気ですね〜」といったひと言があると、相手との距離も縮まりやすいですよね。

当然、あなたに対する周りの評価だって上がると思います。

いきなり挨拶するのが難しい場合は、先ほど言ったように、まずは笑顔で会釈するだけでもかまいません。

挨拶も場数ですから、会釈で経験を積むうちに、だんだん「おはようございます」「こんにちは」といった短い言葉が添えられるようになるでしょう。

それもできたら、次はもうちょっと大きい声で挨拶しようとか、もうひと言なにか添えよう……といった感じで、少しずつステップアップできたらいいのです。

ちなみに、私は昔から近眼で、メガネやコンタクトレンズがないと、離れた場所にいる人の顔が見えません。道端でご近所さんに会って、あちらは私に気づいているのに、こちらはまったくわからないということも。

挨拶の声が聞こえても、顔がよく見えないせいで、「誰だろう？」「私に挨拶してくれたの？」って返事に困るのです。

自分に向けられた挨拶だと思わず、無視した形になってしまったことも一度や二度ではありません。これほど失礼な話はないですよね。

だからといって、常にメガネやコンタクトレンズをつけていられるかと言うと、それも難しい。矯正具をつけている時間が長くなると、どうしても目にかかる負担が大きくなるので、ちょっと近所に出るぐらいのときは裸眼でいたいのです。

挨拶も大事ですが、自分の体だって替えのきかない宝物。

じゃあ、どうしよう……。考えているうちに、ひらめいたんです。

「知ってる人かどうかわからなくても、みんなに挨拶しちゃえばいいんだ！」

以来、裸眼で近所に出かけたときは、すれ違う人みんなに挨拶をするようになりました。知っている相手かどうかにかかわらず、笑顔で「こんにちは～」です（笑）。

こうすれば、誰も「無視された」と思う人はいません。感じが悪いと思われることもなく、まず間違いないですから。

挨拶をしたのが知らない人だった場合、相手は「？？？」でしょうけど（笑）、知らない人であっても、挨拶をされて怒る人はいないかなって。

そんなわけで、我ながらいいアイデアだなぁと、今も続けています。

幸福になりたいなら人に見返りを求めない

まるかんの仕事を始めた当初、私は、東京から群馬県の館林まで車で通っていました。

毎日のように高速道路を走るので、必然的にサービスエリアを利用することも多いわけですが、トイレがいつもきれいに保たれていて感動したんですね。

それで、お掃除をしてくださっている方に「いつもきれいにしていただいて、ありがとうございます♡」とお声がけし、気持ちを包んでお渡しするようになったんです。

多分、多くの人は、心では感謝していても、なかなかそれを言葉にできないと思います。知らない人に声をかけるのって、けっこう勇気のいることでしょう？

その点、私はまったく抵抗がないんです。

なぜなら、声をかけた相手から、思うような返事がなくても全然気にならないから。

たいていの場合、自分が誰かにアクションを起こしたら、それに対する反応を求めてしまうと思います。

こちらが挨拶をしたら、相手にも挨拶を返してもらいたい。笑顔で話しかけているんだから、向こうも笑顔で答えるのが当たり前、みたいな感じで。

私も昔はそういうのが気になっていましたけど、途中でやめたんです。見返りを求めると、期待したものがなかったときにガッカリしちゃうから。

せっかく明るい気持ちで挨拶したのに、返事がないことでテンションが下がれば、波動までモヤモヤし始めます。それが嫌なんです。

そもそも私は、「知らない人でも挨拶をしておけば間違いない」のスタンスで行くことにしたので、相手から返事がなくてもしょうがないと思っていました。

いきなり知らない人に挨拶されたら、誰だってびっくりするし、反応に困っちゃいますよね（笑）。それに、すれ違いざまの挨拶ですから、たとえ知っている人だったとしても、反射的にうまいリアクションができないこともあるでしょう。

それをいちいち気にしていたら、挨拶なんてできません。

だから、一方通行でもいい。返事を求めないようにしようと思ったのです。そう決めてしまえば、ガッカリすることもありませんから。

この考えに至ったのは、一人さんの教えのおかげでもあります。

「人は変えられないよ。できるのは、自分を変えることだけ。

でも、自分が変われば、その波動で周りも変わってくる。遠回りのように思うかもしれないけど、実はこれがいちばんの近道だし、これほど確実なこともないんだ。

いい人生にしたかったら、そうなるように、自分が変わるしかないよ」

人に何かを求めても、うまくいかないことのほうが多いし、期待してその通りにならないと疲れます。

その点、人の反応を気にしなくなったことで、私はいつも楽しいことだけを考えていられるし、誰に対しても明るい笑顔が出せます。

それに、もし素敵なリアクションがあれば、期待していなかっただけに何倍もうれしい。期待しないほうが、幸福感はずっと大きいのです。

「圧、圧、圧、圧」でもう人になめられない

今でこそ、必要に応じて自己主張ができる私ですが、それができなかった頃は、周りからキツく当たられることも少なくありませんでした。要は、学校や会社でいじめられたんですね。

私の飲み込みが遅いところもあったとは思いますが、今だったら、同じことをしても周りが優しく教えてくれますし、意地悪をされることはまずないでしょう。

もちろん、いじめの問題は、いじめるほうが１００％悪い。

だけどやっぱり、こちらが言いなりになっていると、ますますなめられて、相手を調子づかせちゃうんですよね。

かつての私は、人に嫌味を言われても、悪態をつかれても、悲しみに埋もれるばかり。反撃なんて考えたこともありませんでした。

やられるたびに、「私の出来が悪いから、周りが迷惑しているんだ」と、自分を責める。自分に嫌気がさし、ますます落ち込むわけです。

そんなことが長く続いたのも、ノイローゼの引き金だったかもしれません。

私が変わったのは、いとこの結婚式で一人さんと再会し、社会復帰したときです。

仕事を再開した当初は、「コーヒーの淹《い》れ方がなってない」「コピーもまともにとれないの？」なんて、一部の同僚に冷たくされて。「またバカにされちゃった……」と、シュンとしていました。

そんな私に、一人さんが教えてくれたのです。

「みっちゃんみたいな優しい子は、〝圧〟を出さないとなめられちゃうの。気が弱いから何をしてもいいだろうって、虫の居所の悪いやつに、はけ口にされてさ。そんな嫌なやつ、絶対ゆるしちゃダメだぞ。言い返せなくてもいい。**家で、〝圧、圧、圧、圧、圧……〟って唱えてみな。それから、〝次に何か言ってきたら、ただじゃ置かないぞ〟ぐらいのことは思ってな。**圧というのは、強い波動なの。思いが強くなれば圧が出るから、人になめられなくなるよ」

そこから、私の圧を出す訓練が始まりました。

毎日、家で「圧、圧、圧、圧、圧……」とつぶやき、「次はやるぞ！」「何か言われたら、こう返すぞ！」と練習する日々。

ただ、急には強い圧が出るはずもなく、やっぱりいじめられちゃうわけです。

そのたびに、一人さんに「今日もダメだった」「また嫌味を言われた」なんて泣きつくのですが（笑）、一人さんはひたすら励まし続けてくれました。

「大丈夫、明日は今日よりも強い圧が出るから。なんでも場数だよ」


やがて、ついにそのときが訪れます。

ある日の終業時間、「今日は嫌なことがなかった！」ということに気づき、それはもう天にも昇る心地でした。

そこからは、多少の波はありつつも、ほぼいじめられることがなくなり、気がつけば、自分の周りには嫌な人がゼロになっていたのです。

怒鳴るクレーマーを一発で黙らせた！

一人さんファンには特徴があって、とにかく優しい人が多い。まるで、「全国・思いやり選手権」でも勝ち抜いてきたのってぐらい（笑）、愛のある人が集結しています。

でも、優しすぎて、「自分のことはいいから、人のために」となるケースが少なくないんです。

そうするとやっぱり、圧が出なくていじめられちゃうとか、なめられて嫌な思いをするとか。私と同じような経験を持つ人がたくさんいるんです。

一人さん直伝の「圧の場数」は、そんな悩める一人さんファンにも、効果てきめん。

私自身も別人級に人生が変わりましたけど、圧の場数を踏んだほかの仲間たちも、続々と新しい現実を生み出しています。

「圧が出ていなかったときは、どこへ行ってもいじめられてきたのに、〝いつでもかかってきな！〟と思い始めた途端、ピタッといじめが止まった！」

「不思議なんですけど、圧を出す訓練を始めて間もなく、嫌味な上司が別の部署に異動になって。会社に行くのが嫌じゃなくなりました♪」

そんなエピソードは枚挙にいとまがありません。

圧の場数を踏み始めた直後は、なかなかうまくいかないことに戸惑う人もいます。しかし、仲間同士で励まし合いながら練習を積むうちに、みんな、おもしろいほど攻撃されなくなってくるんです。

人に反論したことがないほど大人しいタイプの人が、嫌な相手にガツンと「そういうの、やめてください！」と言い返せるようになったり。すごいでしょう？

私も会社勤めをしていた頃、職場にいばりん坊の上司がいたことがあって。あるとき、その上司のせいで同僚が嫌な思いをしていたんです。そしたら、ポロッと皮肉が出ちゃった（笑）。

「へぇ～、そういう言い方もあるんですね。素敵♪」

言い回しや口調が明るいので、上司にはまったく嫌味だと受け取られなかったんですけど、ものすごい圧を込めたので効果は抜群でした。それっきり、上司のいばるような発言はなくなったのです。

そのうえ、「みっちゃんもおもしろいことを言うね～」なんて上司がご機嫌になっちゃって（笑）。これを機にすっかり気に入られ、ずいぶんかわいがってもらいました。

最近では、ある携帯電話ショップでこんなこともありました。カウンターで私が説明を受けていると、隣席から、男性の怒鳴り声が聞こえてきたんですね。お店の女性担当者にクレームをつけているのですが、いちいち大声で怒鳴るし、出てくる言葉もひどすぎる。

とても聞いていられなくて、また言っちゃった（笑）。「ちょっと！　そんな言い方したらかわいそうじゃない！」するると、クレームをつけていた男性が「なんだ、お前」と返してきたので、冷静に「なんだお前、じゃないですよ」って畳みかけたんです。満タンの圧を込めてね。結果、クレーマーを黙らせることに成功。私の勝利！（笑）

もちろん、世の中には、逆ギレして何をするかわからない人もいます。そういう相手にうっかり正義感で関わってしまうと、それこそ危険な目に遭うことも。だから、みなさんは決して真似しないでくださいね。

　本来、こうした場面ではお店の方にお任せするのがいちばんだし、場合によっては警察を呼ぶべきだから。

　といっても、波動のいい人は、こうした現場に遭遇することすらないでしょう。そしてたまたま出くわしたとしても、その場にいい波動が流れていれば、悪いことにはならないと思いますよ。

日常を自分の「好き」でいっぱいに満たす

人は、この世界を楽しむために生まれてきた。

楽しむことが自分の使命。

楽しまなければ人生はうまくいかない。

楽しんでこそ魂も成長する。

一人さんにこのことを教わってから、私は生活の一つひとつを見直してきました。安心できる居心地のいい家で、好きなものに囲まれ、自由に生きることだけを考えているんですね。

おかげで、私の日常は自分の「好き」でいっぱいになりました。毎日、本当に幸せな気持ちで寝起きしています。

そんな私の日常を、少しご紹介しますね。

朝はだいたい、5時半に起きます。が、飼い猫の龍ちゃんが夜中に「お腹空いた～」「遊んで～」って起こしにくるので（笑）、3時頃からは半分起きている状態です。

就寝が深夜0時ぐらいなので、4時間眠れたらいいところなのですが、それを言うとみんなびっくりして。「もっと寝なくて大丈夫なの？」「お疲れでしょう？」なんて心配されるのですが、これが全然（笑）。

私はもともと睡眠時間が短くても大丈夫なほうで、多分、短い時間でも眠りが深いのだと思います。

何より、私は動物が大好きで、龍ちゃんのこともかわいくてしょうがない♡　龍ちゃんと戯れているだけで癒されるし、疲れなんて飛んでいきます。

起床後は、神棚のお水を取り替え、お参りするのも大切にしている習慣です。5分程度のわずかな時間ですが、お水をあげて「いつもありがとうございます、今日もよろしくお願いします」と手を合わせることで心が整い、笑顔で1日がスタートできるんです。

その後は、一人さんや仲間たちとドライブに出かけてきれいな景色を見たり、神社へお参りに行ったり。帰宅すると、仕事の電話、龍ちゃんの相手、そして通販のカタログ雑誌を眺めたりしているうちに（笑）、いつの間にか就寝時間が迫っています。

私はわりと早起きをしているほうだと思いますが、それでも1日がすごく短くて。

最近は特に、仲間たちの講演会を応援する「推し活」も楽しんでいますので、ますます時間が足りないのです。

改めて振り返ると、私の暮らしって、楽しいことでいっぱいなんですね。だから、1日があっという間なのでしょう。

おかげで悩みらしい悩みもありませんし、未来への不安もいっさいナシ。

心の安定には、楽しく生きることがいちばん。本当にそう思います。

なんでも自分に都合よく受け取ればいい

最近でこそ自分では運転しない一人さんですが、かつてはよく、一人さんの運転する車に弟子の私たちも乗せてもらっていました。

そのたびに、私は一人さんの優雅な運転にほれぼれするのです。

スピードに恐怖を感じることがなく、かといって、決してノロノロ運転ではありません。ゆったり安全運転なのに、スーッと滑らかに走る感じ。

しかも、それを高級外車でやるものだから、こんなにかっこいいドライバーはいません。その様子をつぶさに観察し、「私も見習おう」と思っていました。

この話をすると、一人さんは笑いながら言うんですね。

「俺は急ぐってことがないの。いつも時間が余ってるし、暇だからドライブしてるだけで（笑）。単なる移動じゃないから、気持ちの余裕が違うんだろうね。

一人さんにとっては、ゆっくり走るぐらいがちょうどいい。目的がドライブなんだから、俺は景色が見たいんだよ。景色が見えないほどスピードを出すなんて、ドライブじゃないだろ？（笑）

人それぞれ、落ち着くスピードってあると思うんだよ。一般道ではこの程度がいいとか、高速道路ではこのぐらいとか。

俺にとっては、安全運転がちょうどいいスピードなんだね」

日常的に車の運転をする人は、いつも運転しているから大丈夫という「悪い慣れ」

に陥りやすく、気のゆるみで事故につながることもあります。

実際に、ものすごいスピードで前の車を追い抜いたり、ウインカーも出さず無理な車線変更をしたり、周りの方が怖くなるようなドライバーっているんですよね。

そういうのを見かけるたびに、「事故を起こさなきゃいいけど」って心配になってしまいます。


かくいう私も、群馬まで毎日、運転していた頃は、時折、緊張感が薄れてしまうこともあって。無意識に、片手運転になっていたこともあります。

でも、たいていそういうときは、何かしらの「お知らせ」があるんです。フロントガラスの向こうで、太陽光がキラッと光ったりして。

そこでハッと気づき、気を引き締め直すことができたおかげで、事故につながったことはありません。


こういうシグナルって、多分、みんなにもあると思うんです。

ただ、多くの人は見逃したり、せっかく気づいても受け流したり。目に見えないものを、あまり気にしていないんですよね。

その点については、神様に守られている感覚がある私としては、ちょっともったいないなぁって思います。**せっかく神様が出してくれたお知らせなのにって。**

神様を信じるかどうかは別としても、自分のメリットになることは、いくらでも利用すればいいと思います。

一人さんの言うように、なんでも自分に都合よく受け取るのが正解。

それで災難を避けられるんだったら、こんなにありがたいことはないですよね。

第5章

お金持ちとそうでない人の分かれ道とは?

斎藤一人
×
みっちゃん先生
特別対談

✦ どんなときでも天照になると決めているんだ

みっちゃん先生（以下、**みっちゃん**）　私が思う魅力的な人は、言うまでもなく一人さんです。

自分をゆるし、人をゆるし、世の中をゆるし、誰に対しても優しい。これほど愛の深い人はいません。

しかも、その愛がまったく重くない。圧倒的に軽いんです。

序章でも少し触れましたけど、一人さんってふだんはもちろん、体調がすぐれないときですら弱音を吐きません。痛いとか、つらいとかこぼす一人さんを見たことがないのです。

本当は苦しくてたまらないはずなのに、

「今日も絶好調」

「1日、1日、よくなってるよ～」

そう言って、私たちに心配かけないようにするでしょう？

斎藤一人（以下、一人）　別に、立派な心がけがあって弱音を吐かないわけじゃないの（笑）。単に、そのほうが自分の気がラクなんです。

そりゃあ、医者には「ここがとんでもなく痛い」とか言うよ。どこがどう痛むのか伝えなきゃ、きちんと診断してもらえないからね（笑）。

だけどそうじゃない場面で弱音を吐いても、一つもメリットがないんだよ。言って痛みが消えるわけじゃないでしょ？

俺が苦しむと、周りの仲間たちまで不安になり、暗闇になっちゃうんだよね。家のなか、会社全体が、重い空気で覆われてしまいます。

それが自分の身に返ってくれば、もしかしたら、さらに病状が悪化するかもしれない。誰にとっても、いいことがないんです。

このことを知っているから、俺は、どんなときでも天照《あまてらす》になろうと思っているの。天照大御神《あまてらすおおみかみ》という太陽の神様がいるけど、自分だけでもそんな存在でいようって。

そう思えるのが立派ですねって、本当に違うよ。自分がラクだからやってることで、もちろん、やせ我慢でもない。

みっちゃん　今の言葉を聞いても、やっぱり優しくて軽いですね。どこにも気負いがないから、聞いている私も「天照になるって、簡単そうだな〜」なんて思えちゃう（笑）。

一人　そう、実に簡単なことなんだよ。「神のように生きる」なんて言うと難しく感じて、自分にはできないと思うかもしれないけど、そんなことはない。

ノリとしては、「病気だろうがなんだろうが、明るくいようぜ！」って（笑）、そんな感じの軽さでいいんだ。

みんな、神様のことを「畏《おそ》れ、崇《あが》めるもの」だと思ってるでしょ？　それはもちろんその通りではあるけど、**俺たち自身も、実は神様だからね。**

神様との間に距離を感じることはないんです。神様って、もっと身近な存在なの。

みっちゃん　私たちの命は神様から授かったもので、自分のなかには、「分け御霊《みたま》」という、神様の一部が魂として入っています。

つまり、自分自身が神様であり、いつもそばに神様がいてくれる。神様って、この世で言うところの「大切な家族」「大親友」みたいな存在だと思います。

と考えると、確かに、天照になるのって難しいことじゃないですよね♪

人生って遊び倒すためにあるんだよ

一人　自分だけでも天照になろう。そう決めちゃえば、周りも変わってきます。

普通の人は、機嫌の悪いやつが出てくると、「鏡の法則」みたく自分まで機嫌が悪くなるんです。だけど、一人さんの場合はそれがありません。

機嫌の悪いやつに遭遇するたびに自分まで不愉快になってたら、いつ笑うんですかって話でしょ？　だから俺は、へんてこりんな波動がこっちに向かってきても、それ以上の明るい光で跳ね返す。

というか、俺の光が強すぎて、機嫌が悪かったはずの相手が笑い出しちゃうぐらいでさ。一人さんのところに来ると、なぜかみんな機嫌がよくなるんです。

相手に染まるのではなく、自分の光で相手を染める。これを、一人さんは「鏡返し」と呼ぶんだけど。同じ鏡の法則なら、こっちの明るい波動で反撃だよ。それで、周りまで機嫌よくしちゃえばいい。

みっちゃん　そんな一人さんの周りには、本当に嫌な人がいません。ごくたま～に、「ちょっと怪しい……」って人が出てくることもありますが、一人さんが一瞬でその人を笑顔にしちゃうから、誰ひとり嫌な気持ちにならないんですよね。

一人さんの手にかかると、本当に一瞬で場の空気が変わるの。

一人　俺に言わせると、機嫌の悪いやつばっかり出てくることがおかしいんです。

人間関係に恵まれてないとかじゃなく、自分の波動で嫌なやつをおびき寄せちゃってるんだよ。

自分が天照なら、嫌なやつにしてみればまぶしすぎて近寄れないの。もし近づいてきたとしても、地獄波動なんか鏡返しで秒殺です（笑）。

みっちゃん　こういうことも場数。繰り返し学ぶことで、腑《ふ》に落ちるものでしょうね。1〜2回話を聞いて「そういうものか」と思うだけでは、なかなか実生活には反映されません。

一人さんの本を繰り返し読むとか、「だんだんよくなる未来は明るい」の言葉を紙に書いて家の壁に貼っておくとか、あの手この手で自分のなかに取り込み続けることが、幸せへのいちばんの近道でしょう。

一人　そうだね。「朝、目が覚めた瞬間から心が重いです」「毎日、つまらない」「なんで私だけ不幸なの？」みたいな愚痴《ぐち》をこぼす暇があるんだったら、とにかく明るいほう、楽しいほうを向いて場数を踏むしかないよ。
それをせず、依然として心を闇でいっぱいにし続けているから、いつまでも現実が変わらないんです。心がおもしろくないことで充満していれば、おもしろくないことしか起きようがないの。

みっちゃん　まだまだ、まじめな人が多いから……遊んでばかりいられない、家族に人生を捧げるべきだ、みたいな常識で自分を縛りつけている。
あれもダメ、これもダメって、自分を楽しませることにすごい抵抗感があるんでしょうね。だから、最初の一歩がどうしても踏み出せないのかも。

一人　よく、「身近な存在である家族には、甘えが出る」と言う人がいるんです。家族に八つ当たりするとか、外では絶対しない悪態をつくとか、そういうのを「甘え」のせいにする。
あのね、それは甘えなんかじゃない。遊びが足りないせいなんです。自分に我慢ばかりさせるから、イライラして家族に不満を抱えることにもなるんだ。**好きなことをして自分を愛で満たせば、たまに会う相手だろうと、毎日顔を合わせる家族だろうと、愛しか出ない。誰に対しても笑顔になるの。**

自分のなかにある「ダメの壁」を打ち破らなきゃしょうがないんです。もう我慢はイヤなんだろ？　人生変えたいんだよな？　それなら、思い切って飛び込むしかない。遊びの世界にね（笑）。

自分で言っちゃうけど、遊びにかけては、一人さんはかなりのスゴ腕なんです。

この本もそうだけど、俺はいつも「彼女が40人だからね」「一人さんはTバックの女性が好きでさ」なんて言いまくってるでしょ？（笑）　こういうのも、お金のかからない遊びなの。

みっちゃん　遊びって、お金や時間のかかることばかりじゃないですよね。

お金や時間に余裕のない人でも、いくらでも遊べるし、考え方ひとつで一瞬にして心が明るくなる。

このことを知らないから、なかなか気楽に生きられないんだと思います。

一人　ジョーク1個あれば、人は幸せを感じられるよ。タダで、しかも1分もかからずにね。お金や時間のないことは、遊べない理由にはなりません。

で、もし俺がふざけたことの一つも言わない人間だったら、それはクソまじめで、つまんないことを言い出してただろうね（笑）。

ちょっとした冗談も楽しめないほどのまじめじゃ、生きるのが苦しくて当たり前だよ。それに、自分ではまじめなのがいいと思っていても、そのおもしろくない波動のせいで、周りは迷惑しちゃうの。

趣味で楽器を弾こうが、釣りに出かけようが、なんだっていい。楽しいことをすれば、一瞬で心のなかに太陽が現れます。

自分のためにも、そして周りのためにも、思い切り遊び倒してください（笑）。

欲があるからこの世は楽しいんだ

みっちゃん　遊びのなかには、お金のかかることもあります。その代表は、ショッピングだと思うのですが。

女性はとりわけ買い物好きの人が多いですけど、このところ物価が上がり基調なこともあり、「衝動買いをやめたい」という人がけっこういるんですね。「どうすれば衝動買いがなくなりますか」「節約したいです」って。

そういう相談に私が思うのは、もちろん度を超した無駄遣いはよくありませんが、自分の買える範囲ならいいよねって。

それに私の周りを見ていると、我慢しないでショッピングを楽しんでいるうちに心が満たされ、欲しいものがなくなってくるケースもあります。観察してみると、そういう人はやっぱり、一人さんが教えてくれたような「お金のかからない遊び」も上手に取り入れているんです。

一人　いよいよお金がないのにショッピングがやめられないんだとしたら、それは心の病気があるのかもしれない。思い当たる場合は、専門家に相談することも考えたほうがいいだろうね。

だけどそうじゃないんだったら、いっぱい買い物ができるのは、あなたが豊かな証拠でもある。本当に厳しい状況下にある人は、買いたくても買えないはずだから。

前にね、エプロンを買うのが好きな女性がいたの。かわいいのを見かけると、我慢できないんだって（笑）。だけど自分でも買い過ぎだと思うから、我慢できる方法を教えて欲しいって言うんだよね。

一人さんは、「本当に好きなものか、どうしても欲しいのか、それをよく考えて買えばいいいんじゃない？」と返したの。ごく、当たり前の返事でしょ？

ところがその瞬間、女性の表情が変わった（笑）。

みっちゃん　その話、覚えてます！　急に不機嫌な顔になって、「それを買うのが私の楽しみなのに」って言ったのよね（笑）。

衝動買いをやめたいと言いつつ、本心ではやめたくなかったんでしょうね。

一人　世間の常識的な話をすれば、衝動買いって悪いことだから、やめようとする姿勢がなきゃ体面が保てないとか、罪悪感に耐えられないとか、そういうのがあるんだと思います。悩んでるように見せなきゃいけないって。

でも本音では、一人さんに「いいじゃない、そのぐらい」と言って欲しかったんだろうね。ゆるしの言葉を待っていた。女性は、「頭の柔らかい一人さんなら、望む答えをくれるはず」と期待してくれていたのかもしれません。

そんなことがあって、俺は反省したの。**本当に買い過ぎでマズいぞってなれば、自分でやめるんだよ。**だったら、それを信じてあげるべきだよなって。

以来、こういう悩みを持つ人が出てきたら、「買えば楽しくなるんだし、いいじゃない」「かわいい服を着たら、家族も喜ぶよ」と言ってあげるようになりました。

一人さんが、場数を踏んで学んだことです。

みっちゃん　本当に好きなことは、人に言われたからって、そう簡単にやめられるものじゃないですから。

好きなことは、使命でもある。使命には意味があるわけで、相手を信じて見守るしかありません。

そこをわかってあげられるかどうかで、人にかける言葉も全然違ってきますね。

一人　それともう一つ、こんな考え方もあって。

欲しいものを手に入れても、しばらくするとまた欠乏感が湧いてくる人がいます。ないものばかりに目が向くんだよね。でもそれにはわけがあるんだ。

たとえば、ある天才の描いた絵が1億円で売れたとするじゃない。で、その人が「慎ましくやれば、この1枚の絵で俺は一生食っていける」なんて思うと、1枚の作品で終わるんだよね。

だけど世間の人は、天才の絵画をもっと見たい。「次はもっといい絵を描くぞ」という欲を持って、すばらしい作品をいっぱい生み出してもらいたいんです。
歌だって、1曲で一生安泰ぐらいのお金をもらえたからって、それで歌手が引退しちゃったらファンは困るだろ？　もっと聴きたい、歌い続けて欲しいよな。
だから神様は、人間はきりなく欲が出るように作ってくれたんです。しかも、その天才がカネのためだけに作品を作るのではなく、「絵が好き」「歌が好き」という純粋な欲もセットにしてね。

みっちゃん　欲は決して悪いものじゃない。欲があるからこそ、この世界は楽しいんですよね。

一人　その通りだよ。慣用句に、「欲と二人連れ」という、欲に引っ張られて動くことを意味する言葉があるんです。でもね、一人さんの解釈はちょっと違う。
世の中を見ていると、底抜けに明るい元気なオバチャンとかいるでしょ？　あれは、欲が深いからなんです（笑）。

欲があるほうが、「もっと、もっと」って逞《たくま》しくなるし、パワフルになる。女性は、男性よりも欲深いからね。そこがまた、女性のかわいいところなんだけど（笑）。ひとりだと寂しいけど、欲と一緒なら寂しくない。明るく人生を味わい尽くせるのが、欲と二人連れなんだ。

世の中には仕事が趣味の人もいるんです

一人　一つ知っておいたほうがいいのはね、世の中には、まじめで仕事をしているわけじゃなく、その仕事が好きで、仕事が趣味になってる人がいるんです。その場合、客観的には「まじめで仕事一辺倒の人」みたく映るわけだけど、実際は違うわけ。

仕事のほかに好きなことがある人は、あんまり仕事しすぎて疲れちゃうと、趣味を楽しむ体力がなくなるでしょ？　だから、誰に言われなくても仕事をほどほどで切り上げる。

　でも、仕事が趣味の人は、仕事をしているときがいちばん楽しいから、寝食を忘れる勢いで打ち込むの。**家に帰ってテレビを見るより、仕事するほうが楽しいし、幸せなんです。**

みっちゃん　あんまり仕事ばかりだと、周りは心配になりますけど、そうじゃないんですね。勉強になりました！

一人　そういう人は、仕事をするのがストレス解消になるし、自分らしく生きられる道なの。仕事を奪われると苦しくなるから、好きなだけ仕事をさせてあげたらいい。

　眠くなれば寝るし、お腹が空けば食べます。健康を損なえば好きな仕事ができなくなるわけだから、自分でちゃんとバランスを考えるよ。

みっちゃん　これは日本人全体に言えることかもしれませんが、仕事があと少し残っているときに、多くの人は「ついでに終わらせよう」「キリのいいところまで進めておこう」って思うでしょう？

海外に詳しい人に聞くと、外国ではそういうことがあまりなくて、時間がきたらパッとやめて退社するのがわりと普通なんですって。

ひょっとして、日本人には少なからず、仕事が趣味みたいな部分があるのかしら？

一人　それはあるかもしれないね。日本人はもともとまじめだと言われる通り、持って生まれた「働き者の気質」があるんです。そういう性格だから、日本人にとって、働くのはそれほど苦じゃないんだろうね。

もちろん、全員がそうだと言ってるわけじゃないし、「時間がきたら、仕事が途中でも帰りたい」と思う人がダメってことでもない。**考え方の違いという個性だから、どっちだっていいんです。**

きっちり仕事をする人は、責任感だけで動いているのではなく、多かれ少なかれ仕事が好きなの。仕事のほかに好きなことがある人は、仕事をパッと切り上げて、そちらにもエネルギーを注ぐ。

みんな、それぞれのバランスで生きているんだよね。

そして当たり前だけど、いくら仕事が好きな人がいても、その感覚を雇用する側が利用してはいけない。それをやっちゃうと、ただのブラック企業だよ。

みっちゃん　本当ですね。最近は働き方に対して敏感な人も増えているので、労働を強制するような職場は減ってきたとは思いますが。
というか、ブラックな会社に勤めていたら仕事は全然おもしろくないでしょうし、自分を大切にしている人なら、そんな会社で我慢しませんよね。

上司に魅力があれば部下はついてくるもんだよ

みっちゃん　仕事の話が出たので、一つ、一人さんに質問したいことがあるんです。
会社勤めの方が、部下が指示通りに動いてくれないことで悩んでいたんです。「わかりました」と言いながら、きちんと仕事を終わらせていないときもあるらしくて。

私が思うに、その部下はかなり忘れっぽいのでしょう。だから、「指示されたことをメモに残す」「終わった仕事から、メモを消す」みたいなことから教えてあげたらいいんじゃないかしらって。

上司は「メモぐらい、言わなくても取るのが当たり前だろう」と思うかもしれませんが、それは上司の期待が入った思い込みで、部下はまだ習得していないかもしれない。だったら、ミスをしにくくなる方法を教えることで、ちゃんと仕事ができるようになると思います。

それでもダメなら、ほかのメンバーで仕事を手分けして進めるしかないかな。それを見ているうちに部下がうまく動けるようになればいいし、できなかったとしても、本人が「この仕事は向いてない」と感じて、転職を考えたりするでしょう。

一人さんだったら、こういう部下がいたらどうしますか?

一人　みっちゃんのアドバイスがすごくいいので、そこに付け加えるとしたら、という前提で一人さんの意見を言いますね。

人は、魅力的な相手についていきたいんだよ。

つまり、**上司に魅力があれば、部下は上司にあこがれて仕事に打ち込む。自分で考え、自分から学び取りに行きます。**

少しでも上司に追いつきたい、上司の力になりたい。自然とそんな気持ちになるはずだからね。

という視点で見たのなら、部下の働きが悪いのは、上司の魅力が足りないことが一因かもしれない。あえて言葉を選ばずに言えば、魅力がないから、部下になめられてるんだね。

みっちゃん　上司の魅力、確かに大きいと思います。
一人さんなんて、仕事の指示らしいことはまったく言わないでしょう？（笑）それなのに、会社の人たちはみんな、それぞれの仕事をきっちりしています。自分で考えるし、自分で動く。

そればかりか、一人さんが「そんなことまでやってくれたのかい!?」なんてことまで、本当にみんなよく気が付くのよね。

まさに、これが「魅力で人を動かす」ということのよい例でしょう。魅力があれば、上がやいやい言わなくたって、ひとりひとりが率先して働いてくれます。

部下がついてこないことに悩んでいる方は、一度、自分の魅力について考えてみたらいいですね。

一人　もちろん、原因は一つだけでなく、いろいろなことが複合的に絡み合っている場合もある。いくつものやり方を試し、検証してみる必要があるよね。

こうやったら部下のやる気が引き出せるんじゃないか、どんな伝え方をすればわかりやすいだろうって、あなたが思うことを片っ端からやってみな。

あとは、うまくいったものだけを残して、効果のないことはやめる。常識にとらわれず、部下の心に寄り添ったやり方を見つけたらいいね。

こういうのも場数だから、やってるうちに「これだ!」っていうのが見つかるよ。

みっちゃん　私の意見では、部下をめちゃくちゃ褒めまくるのもお勧め。褒められると人はうれしいから、素直に「またがんばろう」と思うし、失敗したときも、「次は気をつけるぞ」ってなる。

褒め上手も、魅力的な上司には欠かせないポイントだと思います。

仕事が嫌だったら我慢しないで次を探しな

一人　もうちょっと魅力の話なんだけど。清水次郎長《しみずのじろちょう》（義理人情に厚いことで知られる幕末の俠客《きょうかく》）が、あるときこんな質問をされたの。

「親の話もろくに聞かないやつが、どうして次郎長親分の言うことは聞くのですか？」

「次郎長親分のためなら命も差し出せるっていう若い衆が、なぜこれほど集まるんですか？」

それに対し、次郎長はこう答えた。

「俺のために命を差し出せるってやつの話は、初めて聞いた。俺が知っているのは、子分のためなら命でも差し出せるという自分の気持ちだけだ」

どうだい、とんでもなくカッコいいだろ？　こういうのを、魅力って言うんだよ。次郎長みたいな上司がいたら、部下は絶対ついてくる。上司に惚れこんで、いくらでも力を貸してくれるだろう。

みっちゃん　次郎長親分は、そもそも子分に「言うことを聞かせよう」なんて思っていないですよね。考えているのは、自分が子分のために、ということだけ。

本当に魅力的な親分です。

一人　この話を知ると、本物の魅力がどういうものかわかるよな。

仕事でもさ、部下がちょっとミスしただけで怒鳴り散らす上司がいるけど、もし次郎長がそこの上司だったら、部下に全幅の信頼を置くし、何かあったときには自分がすべての責任をかぶって部下を守るだろうね。

上司が守ってばかりだと、部下は責任感が希薄になりませんかって心配になるかもしれないけど、逆に、次郎長みたいな魅力があれば、部下は自分から責任を意識するはずだよ。いつも「上司だったらどうするかな？」って考えるし、上司に倣うわけだから、当然に責任感が出てくる。

みっちゃん　**人は、口うるさく指示されないことで自由を感じる一方、自由には責任が伴うことをちゃんとわかってるんですよね。**

自由をゆるされるのは、相手に信用されているという意味です。信じてもらえたらうれしいし、期待に応えたくてがんばろうとも思うでしょう。

多くの人にとって、信じて任せるのはとても難しいことだと思いますが、それもまた場数ですね。

一人　そうだよ。手始めに、まずは魅力のあることを言ってごらん。周りは「急にどうしたの!?」って驚くかもしれないけど（笑）、それで一歩、カッコよくなるんだ。


みっちゃん　ちなみに、人には向き不向きがあります。

いくら上司に魅力があっても、その仕事に向いてない人はがんばることが楽しくないでしょうし、がんばっても結果が出ないことが多いんじゃないかな。

そういうこともある、というのは覚えておいたほうがいいですね。


一人　がんばっているのにうまくいかない、ミスが多い、楽しくないのなら、その仕事はあなたには向いてない可能性が高いだろう。

でも、それはあなたの能力が足りないわけじゃなくて、代わりに、別の場所で活かせる能力を持っているんです。

体を動かす仕事に向く人は、そういう仕事を選んだほうがいいよな。体を動かすのが性に合ってるのに、1日じゅうデスクで事務作業をするような仕事ではストレスがたまるだろうし、何より、能力が発揮できないのは宝の持ち腐れだよ。
がんばるところを間違えちゃうと、どんなにすばらしい才能があっても、それが活かせないの。

みっちゃん　自分の才能で活躍できる仕事をすれば、自信も付くし、結果が出たら喜びも大きいと思います。

才能を活かせば、ほかの人や社会のためにもなります。
この世界は、それぞれが自分にできることを担い、お互いに助け合うことでうまく回っている。ひとりひとりが才能を活かして活躍すれば、よりよい環境、便利な仕組みができあがって、ますます居心地のいい地球になりますね。

一人　だから、嫌な仕事を我慢しちゃいけないんだよね。合わないんだったら、いつまでもそこにいないで別の仕事をしてみたらいい。
仕事がコロコロ変わると、何をやっても長続きしない人みたく言われちゃうんだけど、そうじゃない。

職を転々とするのは、新しいことを恐れないチャレンジ精神旺盛な人なんです。

みっちゃん　そう言ってもらえると、今、不安な状況にある人も励まされますね。いろんな仕事をするうちに、きっと自分に合う仕事が見つかる。時間がかかっても、じっくり探せばいいのです。

「豊かだなぁ」という気持ちが豊かさを呼ぶ

みっちゃん　仕事では、よく「長期的な目標が必要だ」と言われますけど、一人さんは、いわゆる数字的な長期目標を口にすることがありません。売上目標とか、特約店を何店舗まで増やす、みたいなのが全然ないんです。

なのに、うまくいっちゃうのが不思議で。

もちろん、世の中の流れを見ながらその都度アドバイスをくれるので、一人さんのなかでは、目指すべき場所がしっかりわかっているんだろうって思うのですが。

一人　上場企業なんかだと、やっぱり数値目標は大事だろうね。でも、うちはそうじゃないし、俺自身、経営者として長期的な目標を持っているわけではありません。

ただ、これだけは絶対に忘れたことがない。

「**自分が喜び、お客さんが喜び、社員や取引先が喜び、世間が喜ぶ商いをする**」

いい商品を作ってみんなに喜んでもらい、それで収益が上がれば自分もうれしい。儲かればちゃんと報酬が出せるので、自分とこの社員や協力企業も満足する。たくさん税金を払えば、国だって助かるでしょ？

こういう、みんなが得することを「四方《しほう》よし」と言いますが、それができる会社は神様にもマルがもらえて、さらに繁盛するの。

四方よしを軸に商いをすれば、まず失敗がない。必ず成長し続けるし、これ以上に大事なことはないと思っています。

みっちゃん　それでここまで成功したわけだから、四方よしはやっぱり正解なんですよね。私たちには、一人さん流がいちばん合っています。

まるかんは、経理を見てもらっている税理士さんに「これほど税金を惜しまない会社も珍しい（笑）」なんて言われちゃうぐらい、喜んで税金も払いますから。

一人　お金の話が出たついでに言えば、成功とお金って、セットみたいなものでしょ？

じゃあ、お金持ちの人と普通の人の分かれ道はどこにあるんですかって言うと、自分が豊かだと思えた時点なんです。

つまり、お金持ちかどうかの分かれ道は、自分が決めることなんだよね。

ただ、確かなことがある。

豊かになりたいんだったら、自分が持ってる金額にかかわらず、「私は豊かだなぁ」と思い続ける気持ちです。豊かだと思い込む。豊かであることを信じて疑わない。

これに勝る成功法はないだろう。

みっちゃん　人生は、波動です。豊かだと思い込んでいる人からは、豊かな波動が出る。豊かな波動は、間違いなく豊かな現実を連れてきますね。

一人　そういうこと。ところで、みっちゃんは、自分が豊かだと思えるようになったのはいつ頃だった？

みっちゃん　小玉スイカが買えたときです！（笑）　小玉スイカは、普通のスイカより高いから、それ以前は手が出なかったの。だから、スーパーで迷わず1個買えたときは、感動で胸がいっぱいになりました。

私、とうとうお金持ちになったんだなぁ〜って。

ちなみに、はなゑさんは、タクシーに乗って支払いにドキドキしなくなったとき、「豊かになった！」と思ったそうです。

恵美子さんの場合は、メロンを丸々一個、ホテルで頼んだとき。実はその際、ホテルマンから「これ、高いですけど……（払えますか？）」なんて心配されちゃって（笑）。ゴージャスな恵美子さんにも、そんな時代があったのよね〜。

一人　今はもう、見た目からして、恵美子さんにお金の心配をする人はいないだろうけど（笑）。

自分は豊かだと思い始めると、波動が変わるし、見た目だって違ってくる。恵美子さんは、特にそれがわかりやすい素直なタイプだよね。

なんでも軽い気持ちで受け止めな

みっちゃん　子どもの学校とか、自治会の役員など、「死ぬほど嫌なわけではないけれど、できれば避けたい」ことを引き受けざるを得ない場面があります。

断ってはいけないと思っているまじめな人も多いのですが、無理をしないとできないのなら、最初から断ったほうがいいですよね。重荷になってつらいから。

そういうときは、できるだけ明るく「ごめんなさい」ですね。明るい波動で、険悪なムードにならないようにすればいい。

ただ、場合によっては、くじ引きで決まることもあるらしくて。

その場合は、もう腹をくくって**「だんだんよくなる未来は明るい」**で引き受けるしかないかな。いい波動をガンガン出せば、ほかのメンバーにも恵まれ、思いのほか楽しく活動できるかもしれないでしょう？

一人　もちろんそうだけど、俺の話をすれば、くじ引きの場にも行かない（笑）。くじ引きに参加すること自体、土俵に上がるのと同じだからね（笑）。

みっちゃん　それ、一人さんらしい（笑）。第3章で一人さんが教えてくれましたけど、最高の言い訳を考えて、最初からくじ引きに参加しなければいいでしょう♪
ちなみに、うちの父は生前、長いこと地域の役員を務めていたんですね。

最初、役員を頼まれたときは悩んでいたのですが、「まぁ、なんでも経験だ。やってみるか」ってことで引き受けてみたら、これがけっこうおもしろかったみたいで。

役員が集まって議論すれば、新しい人間関係が生まれて新鮮だし、みんなで協力しながら活動するのも楽しい。そんなわけで、晩年は自ら役員に立候補していた(笑)。

無理をしてまで引き受けることはありませんが、うちの父のように、ハマっちゃうケースもあるんですよね。

一人　やってみたら、案外おもしろいってこともある。というか、みっちゃんのお父さんは、「なんでも経験だ」と軽い気持ちで挑戦したからこそ、楽しい未来が待っていたんだろうね。

文句を言いながら引き受けるのか、楽しもうっていう前提でチャレンジするかで、結果は大違いだと思うよ。波動の力って、すごいから。

それと、考えてみたんだけど、一人さんの場合、自分に「組織のこういうところを変えたい」みたいな思いがあったら、むしろ率先して役員になるかもしれない。

内部から改革するぞっていう闘志で、逆にやる気がみなぎるの。

だから、もしくじ引きで断れない状況になったんだとしたら、こういう改革魂で斬り込んだっていいんじゃないかな。

きっと、大変なやりがいを感じると思いますよ。

みっちゃん先生からの「おわりに」

人生には、何度でもチャンスがあります。

失敗しても、助けてくれる人がたくさんいます。

この世界には、愛のある人のほうが圧倒的に多いし、本当は天国なんですよね。

そのことに気づけたら、今、どんな状況にある人でも、そこはたちまち天国に変わります。

大丈夫、なんでも場数ですよ。

これはみなさんへのエールであるとともに、私自身にも向けたメッセージです。

昨日より今日のほうが幸せだし、明日はもっと幸せになります。

場数を踏みながら、一緒に幸せを更新し続けましょうね。

最後までお読みいただき、ありがとうございました。

すべての人に、すべてのよきことが雪崩のごとく起きます！

一人さんからの「おわりに」

自分の好きなものを知り、楽しく生きると、自分との関わりがラクになります。

機嫌が悪くなることがあっても、印籠のなかにある「ご機嫌の薬」で心が軽くなるし、笑顔が戻ってくる。

楽しみを知る人は、人生を制する人。

そういっても過言ではありません。

だんだんよくなる未来は明るい。

今、楽しくない人も、苦しみのなかにいる人も、だんだんよくなる。

バラ色の明るい未来が待っている。

そう決まっているんだから、あとはあなたが、ご機嫌で明るいほうへ向かって進めばいいだけだよ。


いっぱい遊んで、自分を愛し、人を愛し、楽しんでください。

一人さんも、ますます遊びに精を出し、最高の天国を作りますからね。

雄大な北の大地で「ひとりさん観音」に出会えます

北海道河東郡上士幌町上士幌

ひとりさん観音

柴村恵美子さん（斎藤一人さんの弟子）が、生まれ故郷である北海道・上士幌町《かみしほろちょう》の丘に建立した、一人さんそっくりの美しい観音様。夜になると、一人さんが寄付した照明で観音様がオレンジ色にライトアップされ、昼間とはまた違った幻想的な姿になります。

記念碑

ひとりさん観音の建立から23年目に、白光の剣（※）とともに建立された「大丈夫」記念碑。一人さんの愛の波動が込められており、訪れる人の心を軽くしてくれます。

（※）千葉県香取市にある「香取神宮」の御祭神・経津主大神《ふつぬしのおおかみ》の剣。闇を払い、明るい未来を切り拓く剣とされている。

「ひとりさん観音」にお参りをすると、願い事が叶うと評判です。そのときのあなたに必要な、一人さんのメッセージカードも引けますよ。

そのほかの一人さんスポット

ついてる鳥居：最上三十三観音 第2番 山寺（宝珠山 千手院）

山形県山形市大字山寺4753　電話023-695-2845

一人さんが
すばらしい波動を
入れてくださった絵が、
宮城県の
定義山《しょうぎさん》 西方寺《さいほうじ》に
飾られています。

仙台市青葉区大倉字上下1
Kids' Space 龍の間

勢至菩薩様は みっちゃん先生の イメージ

聡明に物事を判断し、冷静に考える力、智慧と優しさをイメージです。寄り添う龍は、「緑龍」になります。地球に根を張る樹木のように、その地を守り、成長、発展を手助けしてくれる龍のイメージで描かれています。

阿弥陀如来様は 一人さんの イメージ

海のようにすべてを受け入れる深い愛と、すべてを浄化して癒すというイメージです。また、阿弥陀様は海を渡られて来たということでこのような絵になりました。寄り添う龍は、豊かさを運んでくださる「八大龍王様」です。

観音菩薩様は はなゑさんの イメージ

慈悲深く力強くもある優しい愛で人々を救ってくださるイメージです。寄り添う龍は、あふれる愛と生きる力強さ、エネルギーのある「桃龍」になります。愛を与える力、誕生、感謝の心を運んでくれる龍です。

楽しいお知らせ

無料

ひとりさんファンなら
一生に一度はやってみたい

「八《はち》大《だい》龍《りゅう》王《おう》檄《げき》文《ぶん》気《き》愛《あい》合《がっ》戦《せん》」

ひとりさんが作った八つの詩で、一気にパワーが上がります。
自分のパワーを上げて、周りの人たちまで元気にする、
とっても楽しいイベントです。

※オンラインでも「檄文道場」を開催中！

斎藤一人銀座まるかんオフィスはなゑ
JR新小岩駅南口アーケード街。ひとりさんファンクラブの3軒隣り
東京都江戸川区松島 3-15-7 ファミーユ富士久ビル1階
TEL：03-5879-4925

ひとりさんの作った八つの詩「檄文」

大魔神
荒武者隊
金剛隊
抜刀隊
隼隊
騎馬隊
龍人隊
神風隊

自分や大切な人にいつでもパワーを送れる「檄文援軍」の
方法も、各地のまるかんのお店で無料で教えてくれますよ。

斎藤一人さんとお弟子さんなどのウェブ

斎藤一人さん公式ブログ

https://ameblo.jp/saitou-hitori-official/

一人さんがあなたのために、
ツイてる言葉を、
日替わりで載せてくれています。
ぜひ、遊びにきてくださいね。

斎藤一人さんX（旧Twitter）

https://twitter.com/O4Wr8uAizHerEWj

一人さんのX（旧Twitter）です。
ぜひフォローしてくださいね。

柴村恵美子さんのブログ	https://ameblo.jp/tuiteru-emiko/
ホームページ	https://emikoshibamura.ai/
舛岡はなゑさんの公式ホームページ	https://masuokahanae.com/
YouTube	https://www.youtube.com/c/ますおかはなゑ4900
インスタグラム	https://www.instagram.com/masuoka_hanae/?hl=ja
みっちゃん先生のブログ	https://ameblo.jp/genbu-m4900/
インスタグラム	https://www.instagram.com/mitsuchiyan_4900/?hl=ja
YouTube	https://youtube.com/@user-ny8ik6oc6p?si=oIXJU-Ad57qWa4P1
宮本真由美さんのブログ	https://ameblo.jp/mm4900/
千葉純一さんのブログ	https://ameblo.jp/chiba4900/
遠藤忠夫さんのブログ	https://ameblo.jp/ukon-azuki/
宇野信行さんのブログ	https://ameblo.jp/nobuyuki4499/
尾形幸弘さんのブログ	https://ameblo.jp/mukarayu-ogata/
鈴木達矢さんのYouTube	https://www.youtube.com/channel/UCIhvQ3nqqDsXYsOcKfYRvKw

斎藤 一人（さいとう・ひとり）

実業家・「銀座まるかん」（日本漢方研究所）の創設者。

1993年以来、毎年、全国高額納税者番付（総合）10位以内にただひとり連続ランクインし、2003年には累計納税額で日本一になる。土地売却や株式公開などによる高額納税者が多いなか、納税額はすべて事業所得によるものという異色の存在として注目される。

著書に『斎藤一人 檄文 完全版』『斎藤一人 奇跡の人』（ともに徳間書店）、『斎藤一人 だんだんよくなる未来は明るい』（PHP研究所）、共著に『お金に好かれる働き方』（柴村恵美子さんと・内外出版社）などがある。

みっちゃん先生

斎藤一人さんの名代。

一人さん曰く、「みっちゃんがおむつをしている頃に出会い」、子どもの頃から一人さんの生きざまをそばで見ながら「ふわふわ楽しく魂的に成功する生き方」を学ぶ。東京都江戸川区の高額納税者番付では常連だった。現在も一人さんと毎日、旅をしながら、一人さんに学び、その教えを実践。魂の時代を心豊かに生きたいと願う人々に、「一人さんに教わったこと」「一人さんの愛ある言葉」を伝える活動を続けている。

著書に『斎藤一人 神様とお友だちになる本』『斎藤一人 ほめ道』、一人さんとの共著に『斎藤一人 成功したのは、みんな龍のおかげです』（以上、PHP研究所）などがある。

斎藤一人
この世を天国に変えるコツ
人生は場数だよ

2024年7月31日　第1版

著　者　斎藤一人
　　　　みっちゃん先生
発行者　小宮英行
発行所　株式会社徳間書店
〒141-8202
東京都品川区上大崎3-1-1
目黒セントラルスクエア
電話　編集（03）5403-4344
　　　販売（049）293-5521
振　替　00140-0-44392
印刷・製本所　株式会社広済堂ネクスト

ISBN 978-4-19-865864-9